家からみる江戸大名

南部家

盛岡藩

兼平賢治

吉川弘文館

企画編集委員

野口朋隆

兼平賢治

刊行のことば

現在、日本の行政区分は四十七の都道府県にわかれているが、各地ではそれぞれの行事や祭礼が行われ、方言が残り、また食文化に違いがあるなど、いまだ独自の地域文化が残っており、これが豊かな現代日本を形成している。こうした地域社会独自の在り方において、特に大きな影響を与えたのが、泰平の世が約二百六十年以上に渡って続いた江戸時代だったのではないだろうか。江戸時代の日本列島は、現代よりもさらに細かい陸奥国や武蔵国といった旧国六十六州にわかれ、さらに、大部分が、将軍のお膝元である江戸を中心とした幕府の領地や、大名の領地である藩であった。細かく言えば、さらに朝廷や寺社の領地など、支配者である領主の違いによる様々な区分があった。いずれにせよ江戸時代の地域には様々な歴史や背景が異なる領主がおり、これによる支配が行われたのである。

本シリーズでは、こうした領主の中でも、江戸幕府を開いた徳川家や地域において大きな領主であった藩・大名家を取り上げる。現代日本において、徳川家は小学校社会科の教育課程から必ず学び、東京はまさに徳川家の城下町であり、世界でも有数の都市として発展した歴史を持っている。また、たとえば岩手県の南部鉄器や佐賀県の伊万里焼、徳島県の藍染めなど、大名家によって保護され、現在まで伝えられている地域独自の殖産興業は枚挙にいとまがない。これらは江戸時代の長きに渡り、領主や住民である領民、さらには時に外部の者によって、積み重ねられていった歴史や文化であり、他の地域には見られない独自の地域を形成する大きな土台となっている。本シリーズでは、こうした地域独自の在り方に注目して、徳川家や大名家をみていくことで、より豊かな江戸時代の日本を描いていくことにしたい。

また本シリーズのタイトルは「家からみる」としている。「江戸幕府」や「藩」は、そもそも当時一般的に使われていた用語ではなく、江戸幕府であれば「公儀」「公辺」「柳営」などと呼ばれ、藩もまた江戸時代後期以降に一般化したものであり、明治四年の廃藩置県によって正式に使用され、地域においては藩もまた「公儀」と称された。では、これらの政治組織は当時どのように称されていたのかというと、「家」や「御家」であった。少なくとも、江戸時代が始まった前期から中期にかけては、米沢藩よりも上杉家、薩摩藩士よりも島津家中といった方が一般的であった。徳川家では少なくとも十五世紀に遡って史料上、活動が確認でき、右の上杉家や島津家、さらに京極家など、中世において守護大名の系譜を引く大名家もいれば、金沢前田家や備前岡山池田家など、織田信長や豊臣秀吉に家臣として仕えて大名として取り立てられた織豊系大名など、もともと「家」が基盤にあり、これが江戸大名へと続いているのである。この中にはもともと徳川の家臣だった彦根井伊家などの譜代大名も含まれる。

日本における「家」は、平安時代、藤原氏など貴族の「家」や、「兵の家」と呼ばれた源氏や平氏などの武家において誕生して以来、一部を除き、人々は「家」に属することが一般的になった。「家」は、家長（当主）を頂点として、家名、家産、家業の永続を図る世代を越えた組織であり、家長が祖先崇拝を担い、本分家という同族と婚姻による親類を軸として、非血縁の家臣・奉公人をも包み込んだ社会集団であった。江戸時代、武家をはじめとした諸身分の社会的基盤は、「家」であり、現代に至るまで、日本の社会に大きな影響を与えている。本シリーズでは、こうした側面から徳川家や大名家をみてみることで、江戸時代の領主とはどのような歴史的性格であったのかを従来とは異なる視角からとらえていくことを目指している。さらに、こうした「家」的支配の在り方は、日本に限られたことではない。同時代、たとえば、中央アジアから西アジアにはオスマン帝国を創建したオスマン家がスルタンを名乗りカリフの宗教的権威も兼ねて統治をしていたし、ヨーロッパでもハプスブルク家がドイツ・オーストリアを中心に広くヨーロッパを支配していた。もちろん、これらの「家」は組織形態も構成員等も異なるものであるが、当主と妻をはじめとした親族組織を中核とする「家」は、世界史でもみられ、とりわけ前近代においては特徴的な支配形態であった。こうした点を踏まえて、各帝国・王国などの「家」を比較していくことで、世界史レベルでの各国史の特徴を明らかにしていくことも可能となる。ただし、本シリーズではまず日本の江戸時代における「家」の特質や新しい側面を徳川家や各大名家の個性にも着目しながら明らかにしていくことを目指し、こうした点も視野に入れているという点に留めて、今後の課題としていきたい。

二〇二三年三月

野口朋隆
兼平賢治

目　次

コラム

プロローグ——北奥の領主南部信直の「日本」との出会い

本書は、シリーズ「家からみる江戸大名」のひとつとして、現在の岩手県盛岡市に居城を構えた外様大名の盛岡藩南部家（十万石、文化五年〈一八〇八〉に蝦夷地警衛の功により二十万石となり国持大名）について、江戸時代をとおして、その「家」の歴史を描くものである。盛岡藩南部家について語りはじめる前に、藩主家となった南部家の出自について、近世に描かれた歴史と近年の研究成果をもとに説明しておこう。

南部家の出自と「家」の歴史

中世の南部氏

南部家の祖は、加賀美《かがみ》遠光《とおみつ》の三男の光行《みつゆき》（信濃三郎）で、源頼朝に従って石橋山の戦いで軍功を立て、甲斐国《かいのくに》巨摩郡《こまぐん》南部郷《なんぶごう》（現山梨県南部町）を与えられて、南部を名乗ったことにはじまる。光行には六人の男子がおり、二男で光行の跡を継いだ実光《さねみつ》のほかは、長男で庶子の行朝《ゆきとも》が一戸《いちのへ》氏、三男の実長《さねなが》は八戸《はちのへ》氏、四男の宗朝は四戸《しのへ》氏、五男の行連は九戸《くのへ》氏、六男の朝清《ともきよ》は七戸《しちのへ》氏の祖になったとされる。中世においては、それぞれが南部一族の領主としてあり、時に協力関係を結び、時に争った。

家伝によれば、文治五年（一一八九）、頼朝が奥州合戦で平泉を拠点に勢力を誇った奥州藤原氏（平泉藤原氏）を滅ぼすと、頼朝に従い戦功のあった光行は糠部《ぬかのぶ》五郡（糠部、岩手、閉伊、鹿角、津軽）を与えられたという。そして建久二年（一一九一）、光行は糠部に下向して三戸《さんのへ》（現青森県）に拠点を築くことになる。

この糠部下向のときに、光行の一行が年の瀬の十二月二十八日に現地に到着し、年賀の準備が整わなかったことから、小の月（二十九日までの月）であった十二月を仮に三十日までの大の月とみなし、元日を三十日、二日を元日として準備を進めて年賀を祝ったという。これが盛岡藩にも伝わる「南部の私大《わたくしだい》」の由来とされている。

その後の南部家は、鎌倉御家人として代を重ねたが、鎌倉幕府が滅び、建武政権と南北朝時代には、北畠顕家《きたばたけあきいえ》・顕信《あきのぶ》兄弟のもと南朝方として活躍した。そして、南朝の衰退とともに足利方となった南部家は、室町時代には、幕府も認めるほどに北奥に勢力を張り、やがて戦国大名へと成長していったとされる。

見直される南部家の歴史

しかし、近年の研究によれば、光行の糠部拝領と糠部への下向は、歴史的事実としては確認されず、のちの創作とされる。さらに、奥州における南部氏のはじまりは、建武政権期に奥州に下向した南部師行《もろゆき》・政長《まさなが》の兄弟とする。しかも、この師行・政長は、根城《ねじょう》（現青森県八戸市）を拠点とした八戸南部家の当主であって、のちに盛岡藩主家となる三戸に拠点をもつ三戸南部家の当主ではない。師行は南朝方として活躍したが、和泉国石津（現大阪府堺市）で顕家とともに戦死し、弟の政長がその跡を継いだ。

つまり、当初の南部家の宗家は八戸南部家であり、南北朝時代から室町時代のある時点で八戸南部家から三戸南部家に宗家の交代が起こり、戦国時代を迎え、やがて豊臣大名となった三戸南部家は、盛岡城を築いて拠点を三戸から盛岡に移して盛岡南部家（盛岡藩南部家）となるのである。

盛岡城の築城と城下町の形成は慶長年間（一五九六―一六一五）にはじめられたが、順調には進まず、居城として定着するのは、三代藩主南部重直《しげなお》の治世（寛永九年〈一六三二〉～寛文四年〈一六六四〉）のはじめのころのことであった。盛岡藩南部家は幕末にいたるまで転封することなく支配したが、明治元年（一八六八）十二月、戊辰戦争に敗れて領地を没収され、その後、新たに十三万石が与えられて、陸前白石（現宮城県白石市）に転封となると、盛岡藩主家としての南部家の歴史は幕を閉じる。

八戸南部家と「家」の歴史

このように、のちに藩主家となる三戸南部家に宗家の立場を逆転された八戸南部家は、やがて三戸南部家の影響下に入り、豊臣政権のもとでその関係は主従関係となった。江戸時代になると、盛岡藩南部家の重臣のひとりとして徳川将軍との御目見を重ね、儀礼の場で主従関係を再確認させられて、かつての独立した領主であった姿は過去のものとされるのである。

八戸南部家には厳しい時代が続いた。慶長十九年（一六一四）に当主八戸直政《なおまさ》が亡くなると、正室であった清心《せいしん》尼《に》が家督を継いだが、元和三年（一六一七）には、「女領主」では支配が大変だろうと、二代藩主南部利直《としなお》によって田名部《たなぶ》（現青森県むつ市）三千石の地を「借上」と称して事実上取り上げられた（『三翁昔語《さんおうせきご》』）。

図１　南部光行　もりおか歴史文化館所蔵

さらに、寛永四年（一六二七）には、本貫の地である八戸から遠《とお》野《の》（現岩手県遠野市）に移封されて、一万二千五百石を領する遠野南部家（当時は八戸氏を名乗る、文政元年〈一八一八〉に南部氏を名乗ることが許される）となり、中野家・北家とともに「御三家」として、大老・家老を務めて盛岡藩南部家を支えていくことになるのである。

このような複雑な経緯もあって、かつて南部家の宗家であり、中世来の古文書を数多く伝える遠野南部家は、江戸時代に藩主家に仕える家老の「家」として、独自の「家」の歴史をつくりあげ、語り継いでいくことになる。なお、家伝では、八戸氏の祖で光行の三男である実長は、甲斐国の波木井《はきい》氏の祖ともされているが、近年の研究では、波木井氏とは別であり、江戸時代につくられた歴史とされている。

南部信直の小田原参陣

さて、話を盛岡藩南部家に戻して、北奥の三戸を拠点に勢力を広げた三戸南部家の二十六代当主で、天正年間に家督を継いだ南部信直《のぶなお》は、周辺の領主や国人と一揆を結び、その「郡中」と呼ばれる同じ価値観を共有する世界のなかで生きていた。しかし、三戸南部家の存続を確かなものにしようとする信直は、全国統一を目前としていた豊臣秀吉に、前田利家を取次としていち早く接触を図った。

そして、天正十八年（一五九〇）、統一事業の総仕上げとして秀吉が小田原の北条氏を攻めると、信直は小田原に参陣して秀吉に服属することを示し、その後に断行された秀吉による奥羽の諸領主に対する処置である奥羽仕置において、信直は秀吉から朱印状が与えられ、「南部内七郡」を安堵された。こうして豊臣大名として公認され、近世大名として歩みだすことになったのである。

なお、この一連の過程で、南部氏の一族ともされる大浦為信《おおうらためのぶ》（津軽為信）は、石田三成を介して秀吉に接近し、信直の小田原参陣に先駆けて秀吉と対面を果たすことで、かつて三戸南部家の勢力下にあり、その後、為信が勢力を伸ばした津軽地方（現青森県西部）の支配を認められて、豊臣大名として公認されている。

三戸南部家にとっては家臣筋の為信に津軽の地を奪い取られた出来事として伝えられているが、この一件によって生じた江戸幕府も認知する南部と津軽の「不和」は、盛岡藩南部家の歴史認識に大きな影響を及ぼし、さらに現在に至るまで、岩手県民や青森県民の意識にも刻み込まれることになる。

天正十八年の豊臣秀吉朱印状

さて、本書は、先に述べたように、天正十八年に秀吉が信直に与えた、次に紹介する朱印状（もりおか歴史文化館所蔵）が盛岡藩南部家の近世大名としての出発点になると考えることから、この朱印状を信直が受け取って以降の盛岡藩南部家の「家」の歴史を描いていくことにする。

覚

一、南部内七郡事、大膳大夫《信直》可任覚悟事、

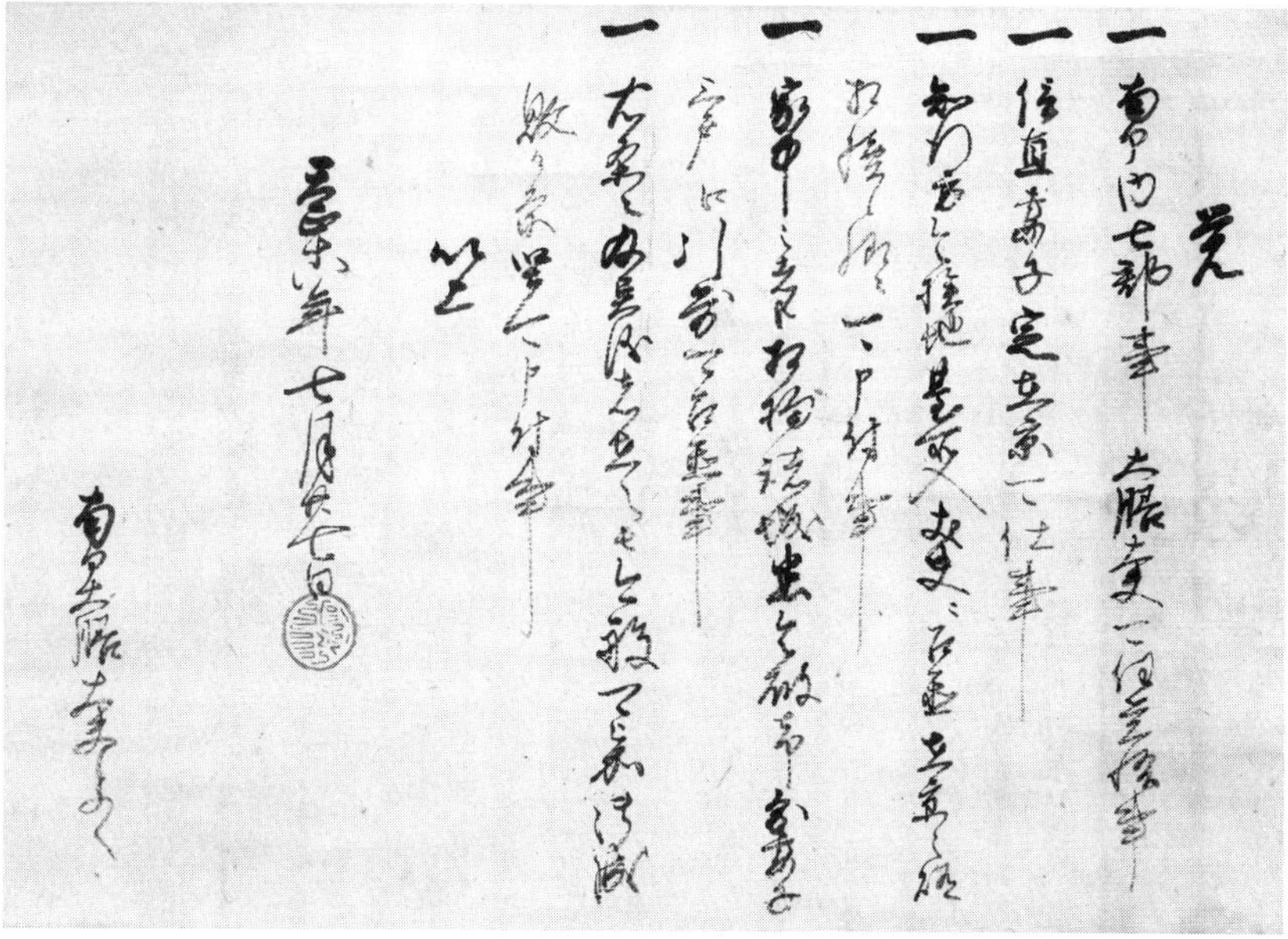

図２　南部信直宛豊臣秀吉朱印状　もりおか歴史文化館所蔵

一、信直妻子定在京可仕事、
一、知行方令検地、台所入丈夫ニ召置、在京之賄
相続候様ニ可申付事、
一、家中之者共相拘諸城悉令破却、則妻子三戸江
引寄可召置事、
一、右条々及異儀者在之は、今般可被加御成敗候
条、堅可申付事、
以上、
天正十八年七月廿七日（朱印）
南部大膳大夫との

信直はこの朱印状をもって豊臣大名としての地位を認められたわけだが、その秀吉からの「御恩」に報いるべく「奉公」に励むことが求められ、大名としての実力が試されることになった。ここでは、「家」の存亡にもかかわる三つの試練を紹介したい。

「家」の存亡にかかわる試練

第一の試練は、朱印状によって命じられた内容の実現である。第一条では「南部内七郡」の支配を認められ、第二条では信直の妻子の在京が命じられている。そして、第三条では検地を行い、信直の滞在や妻子の在京の費用を賄えるだけの蔵入地《くらいりち》（直轄地）を確保するようにと命じられた。

さらに第四条では、諸城の破却と三戸城下への家臣の集住が求められている。諸城の破却については、天正二十年（一五九二）の「南部大膳大夫分国之内諸城破却共書上之事」（『聞老遺事』ほか）が知られるように、すぐに実施された。そして最後の第五条では、これらに従わなければ「成敗」が加えられることを命じられたのである。まさに「家」の存亡にかかわる試練といえよう。

なお、第一条にみえる「南部内七郡」については諸説あるが、近年は、糠部（現青森県東部と岩手県北部）、鹿角《かづの》（現秋田県）、岩手・志和《しわ》・閉伊《へい》・久慈《くじ》・遠野（現岩手県）とする説が有力で、このあと述べるが、天正十九年（一五九一）に断行された奥羽再仕置の結果、この七郡に新たに稗貫《ひえぬき》郡と和賀《わが》郡（現岩手県）の二郡が加増されることになった。南に大きく領地を拡大した三戸南部氏は、やがて拠点を南下させ、盛岡に移すことになる。

奥羽再仕置

さて、その奥羽再仕置が、信直にとって第二の試練となった。豊臣大名となった信直であったが、奥羽仕置で没落した者や、秀吉による支配＝「京儀」を嫌う者たちによる蜂起が奥羽の各地で相次ぎ、秀吉は大軍を送ってそれらを制圧することになる。これが奥羽再仕置である。信直に大きくかかわるものとしては、和賀・稗貫一揆と九戸一揆が挙げられる。

和賀・稗貫一揆は、小田原に参陣しなかった結果、所領没収となった和賀郡の領主和賀氏と稗貫郡の領主稗貫氏が蜂起したものであり、九戸一揆は、九戸城（現岩手県二戸市）を居城とする南部一族の実力者で、かつて信直と三戸南部家の家督をめぐって争った九戸政実《まさざね》が蜂起したものであった。

信直がその鎮圧に苦労するなか、秀吉が派遣した大軍は各地の反乱を鎮定し、最後に九戸城を包囲して壊滅させ、豊臣大名の信直を救った。九戸一揆で九戸氏は滅ぼされ、九戸側についた南部一族の四戸氏の当主は秋田に出奔し、七戸氏の当主は処刑された。対抗する南部一族が掃討されて滅び、また衰退したことで、信直は危機を脱し、三戸南部家の南部宗家としての地位を盤石なものにしたのである。

このあと信直は、再仕置軍に加わっていた蒲生氏郷《がもううじさと》が改修を加えた九戸城を、福岡城と名を改めて居城とすることになる。氏郷と懇意になった信直は、嫡子である利直の正室として、文禄三年（一五九四）に氏郷の養女の於武（のちの源秀院）を南部家に迎えている。こうした縁から、のちに会津藩蒲生家が改易となった際には、その旧臣が盛岡藩に召し抱えられて、盛岡藩士として「家」を存続させてもいた。

「日本」との出会い

最後に、第三の試練として、秀吉の朝鮮出兵による肥前国名護屋での滞陣《たいじん》が挙げられよう。信直は、渡海《とかい》することはなかったものの、前線基地として築かれた名護屋城に出陣を命じられており、その名護屋において「日本」と出会うことになる。名護屋の信直が、国許にいた八戸南部家の当主八戸直栄《なおよし》に送った文禄二年（一五九三）の書状の一部を紹介しよう（「南部信直書状」東京都府中市東郷寺所蔵）。

上衆、遠国をとかくなふり心ニ候、然間筑前（前田利家）へ月ニ一度御見舞申候、何方へも細々不出候、日本之つき合ニはぢをかき候へハ、家之ふそくニ候、若物をも申出し候てハ、はたす一へんニ候、朝夕気遣苦労推量可有候、つかる右京（津軽為信）、筑前殿へ参候て、はしめぬいつこくニ物を申候て、奥村主計殿（奥村家富）ニこめられ、はちを取候、其後ハ弾正殿（浅野長政）・筑前殿へも不参候、大事之つきあいニ候間、きつかい計ニ候、

書状の追伸にあたる追而書《おってがき》（猶々書）として記されたものだが、これによると、「上衆」、つまり豊臣政権の政治や文化の中心である京・大坂での振る舞いに慣れている大名たちは、「遠国」、つまり豊臣大名になったばかりで京や大坂での振る舞いをまだよく理解していない北奥の南部氏などの大名たちを、いじめてやろうという心持ちでいる、と記されている。そして、秀吉との取次を務めた利家のもとに、信直は月に一度は訪ねていたが、それ以外は外出もままならないという。

図3　南部信直　もりおか歴史文化館所蔵

というのは、「日本之つき合」、ここでは豊臣政権における大名として身につけておくべき作法や教養にもとづく交際、ということになるだろうが、その「日本之つき合」において恥をかけば、「家之ふそく」、つまり「家」の存続も予測がつかない事態になりかねない、というのである。また、迂闊に発言しては、それによって大名としての地位も失いかねない、として、朝夕気遣いばかりで苦労している状況を理解してほしい、と直栄に伝えているのである。

この書状では、さらに南部と「不和」の関係にある津軽為信についても記しているが、それによると、利家のところで為信が口火を切って発言したところ、利家の重臣奥村《おくむら》家富《いえとみ》に遣り込められて恥をかき、その後は利家や誼《よしみ》のある浅野長政《あさのながまさ》のところにも出向くことがなかった、とある。信直が「不和」の相手である為信の動向に敏感であったことがわかるが、なにより、為信の失敗を敵失として浮かれるだけの余裕が信直自身にもなく、「大事之つきあい」である「日本之つき合」に適応しなければ明日は我が身であると考えており、気遣いばかりの日々を送っていることが知られるのである。

「郡中」から「日本之つき合」へ

このように、これまで「郡中」にあって、ともに共通する価値観をもつ領主や国人たちとの世界にいた状況から、これまでの常識や価値観が通用しない京・大坂を中心とする豊臣政権の大名としての交際である「日本之つき合」の世界に飛び込み、その「日本之つき合」に適応しなければ、せっかく得た豊臣大名としての地位も「一へん」に失ってしまう、という状況に信直は置かれた。

まさに「家」の存亡の危機を常に感じながら、名護屋における滞陣の日々を過ごしていたのである。

信直は、文禄元年（一五九二）から名護屋に滞陣し、翌年に帰国が許されて国許に帰ると領内支配に力を注いだが、秀吉が没し、日本と明とのあいだで講和は成立して日本兵が引き上げた翌年の慶長四年（一五九九）、福岡城で没している。享年五十四であった。信直は三戸の聖寿寺《しょうじゅじ》に葬られ、法名は常住院。

「郡中」の世界から「日本之つき合」の世界に飛び込んだ信直は、三戸南部家の「家」のあり方そのものも、豊臣大名として、さまざまな点で大きな転換を求められることになった。そして、三戸南部家の「家」のあり方そのものも、従来とは違ったものに変化していくことになる。それは、豊臣政権から徳川政権にかわり、新たな支配秩序が打ち立てられるとともに、戦乱の世から泰平の世へと移行した江戸時代においても同様であった。

本書のねらい

そこで本書では、盛岡藩南部家の「家」の歴史について、単に盛岡藩の通史として描くのではなく、「家」のあり方の変化と、その画期に着目しながら描いていくことにしたい。本書が着目する主な変化と画期を示せば、次のとおりである。

十七世紀は、江戸幕府が開かれて政治の中心が京・大坂から江戸に移ったが、その江戸の政治に適応させた藩政を実現するために、大量の新参家臣が江戸で召し抱えられるなど、江戸への傾倒が強まった。しかし、江戸への傾倒が進んだ十八世紀前半には、盛岡藩の独自の文化である「国風《くにぶり》」が失われる事態にもなったことから、「古風」に価値を認め、南部家の歴史や由緒が重んじられるようにもなる。これは武士だけでなく、庶民の「家」についても、歴史や由緒を重んじることが求められた。

十八世紀後半には、他国者の商人や旅行者、芸能・宗教者などだけでなく、異国ロシアの接近による対外的危機から松前に渡る幕府役人らの領内の往来が多くなり、加えて広範囲に被害をもたらした飢饉への対応が隣藩などと比較されたために、盛岡藩に対する評判である「外聞」がこれまで以上に盛岡藩政を規定するようになり、南部家

図4　南部家系図

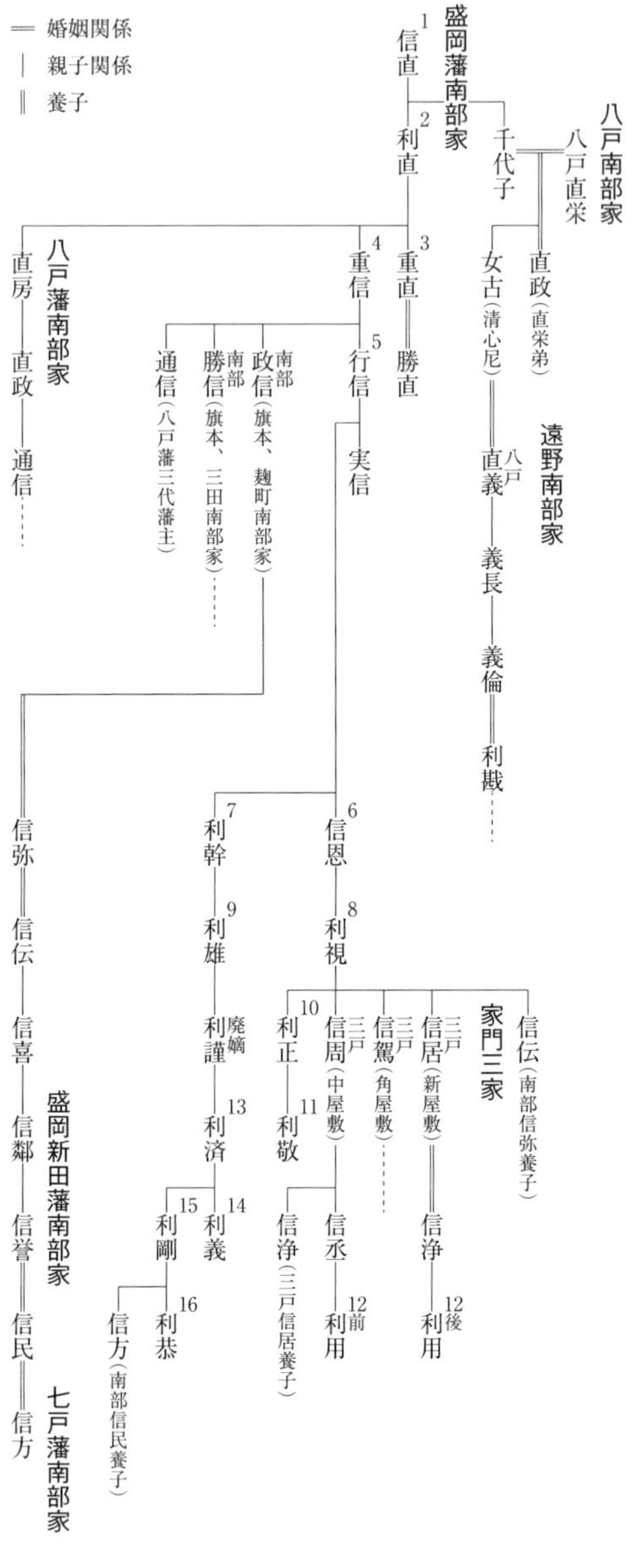

のあり方にも大きな影響を与えた。

十九世紀になると、南部家の家格上昇に伴い「日本一統之風儀」にあわせる傾向が強まり、人びとの風俗や行事、城下の街並みに至るまで、江戸化が進められた。「外聞」を強く意識して「国風」が否定され、江戸化が図られたのである。

このように、各時代によって南部家が直面していた課題は異なり、各課題に対応して南部家もそのあり方を変化させていた。一般にイメージされる旧家で譜代家臣が多く、「家」の歴史や由緒、伝統が重んじられた南部家、というだけではない姿があったのである。本書では、こうした盛岡藩南部家の「家」の歴史に着目して新たに描いていくことにしたい。

なお、本書では、藩名と歴代藩主について、次の点を考慮して表記した。

（1）盛岡藩は、藩主家である南部家に対する親しみをこめた地元の方々を中心に、研究者からも、南部藩と呼ばれることが多かった。これは、藩主家によった藩の呼び方である。しかし、南部家を藩主家とする藩は、ほかに八戸藩や七戸藩があり、これと明確に区別する必要がある。新聞記事や著作によっては、南部藩と盛岡藩とを混在させて文章が書かれたりもしている。そこで、近年の藩の呼び方にあわせて、盛岡藩、八戸藩、七戸藩、と城下町によって藩名を統一して記すことにした。

（2）盛岡藩主について、従来は初代を信直としてきた。しかし、近年の自治体史や研究書などでは、江戸幕府が開かれる前の慶長四年（一五九九）に信直が亡くなっていることから、信直の嫡子で跡を継いだ利直を初代とするものもみられる。学術用語としての「藩」は、江戸時代を想定したものであるから、その正当性を認めるが、本書でも示すように、南部家の「家」の歴史を考慮した場合、近世大名として歩みだしたのが信直であり、江戸時代における盛岡藩の歴史の描き方をみても、従来どおり初代を信直、二代を利直として理解したほうがふさわしいと考えている。そこで本書では、初代を信直、二代を利直、として表記することにした。

一　藩主・家老として生きる
中世の領主から近世の藩主・家老へ

1　「家」の存亡をめぐって

この章では、二代藩主南部利直の治世について、「家」の存亡を賭けて懸命だった様子に注目して話を進めていこう。その前に、利直の紹介をしておきたい。

二代藩主南部利直　利直は、天正四年（一五七六）に三戸（現青森県）に生まれ、文禄四年（一五九五）に従五位下信濃守に叙任し、慶長四年（一五九九）に父の信直が没するとその跡を継いだ。正室には、蒲生氏郷の養女である於武（のちの源秀院）を迎えている。寛永三年（一六二六）に従四位下に叙され、同九年に江戸で没した。享年五十七、法名は南宗院。三戸三光庵に葬られたが、元禄十一年（一六九八）に盛岡の東禅寺に改葬されている。現在、南部町の三光寺には御霊屋が、盛岡の東禅寺には墓石が遺る。

さて、利直が南部家の当主を継いだころは、仕置軍が九戸一揆を鎮圧して、三戸南部家を脅かす存在は没落していたものの、まだ領内の政情は安定しておらず、「家」の存続にかかわる出来事が続いた。

まず慶長五年（一六〇〇）には、豊臣政権の内部抗争から関ケ原合戦が起こっている。豊臣政権の五大老の筆頭である徳川家康《とくがわいえやす》は、同じく五大老で上洛の要請に応じない上杉景勝《うえすぎかげかつ》を討つため、会津に兵を進めたが、石田三成《いしだみつなり》が家康を糾弾する「内府違いの条々」を発すると、上杉攻めを取りやめて西上することになった。このあと、家康が指揮する東軍と、五大老の毛利輝元《もうりてるもと》を総大将とし、三成と景勝とが与《くみ》する西軍が、美濃国の関ケ原で合戦に及び、東軍が勝利することとなる。

岩崎一揆と阿曽沼氏の滅亡

この一連の動きのなかで利直は、徳川方として上杉に対峙した山形の最上義光《もがみよしあき》に加勢するため、奥羽の諸将とともに出陣（最上加勢、最上御陣）していたが、その隙を狙って和賀郡の旧主である和賀忠親《ただちか》が挙兵し、岩崎城（現岩手県北上市）に籠った。これを岩崎一揆というが、その背景には、勢力拡大を目論む岩出山の伊達政宗《だてまさむね》が、忠親を扇動していた。

利直は急ぎ帰国して軍勢を整えると、慶長六年（一六〇一）に岩崎城を攻め落とし、忠親は敗走して陸奥国分尼寺《むつこくぶんにじ》（現宮城県仙台市）にて自害したとも、殺害されたともいわれる。奥羽仕置で改易となった和賀氏は、旧臣らが和賀・稗貫一揆を起こしたものの鎮圧され、奥羽再仕置で和賀郡は稗貫郡とともに南部領となったが、和賀氏の抵抗は、なお続いていたのである。岩崎一揆の鎮圧により、和賀・稗貫両郡における抵抗は収束にむかう。

ところで、遠野保の領主阿曽沼《あそぬま》広長は、小田原攻めに参陣せず奥羽仕置で改易処分となって利直の付庸《ふよう》となっており、最上加勢では利直に従って出陣していたが、その広長の留守を狙って、利直と通じていた阿曽沼氏の一族鱒沢《ますざわ》広勝が蜂起して遠野を押さえたため、広長は帰国できずにいた。ここでも南部領に隣接する政宗は広長を扇動し、慶長六年、広長は広勝を討ったものの、広勝の子の鱒沢広恒が、利直の支援を受けて広長を破り、敗走させている。

こののち、広長が没して阿曽沼氏の嫡流は絶えることとなるが、一方の広恒も利直から謀反の疑いをもたれて切腹が命じられ、鱒沢氏も滅ぶことになった。三戸南部家だけでなく、周辺の領主たちも「家」の存亡を賭けて懸命だった。

このようにみると、家督を継いだ直後の慶長五、六年は、利直にとって危機に直面した年ではあったが、同時に、岩崎一揆の鎮圧と阿曽沼氏の滅亡とによって、利直はその実効支配の範囲を拡大させ、権力基盤を強化させることにもなったのである。

2 南部の馬と鷹

征夷大将軍と南部の馬・鷹

東軍の軍勢を指揮して関ケ原合戦で勝利し、その実力を示した家康は、周囲からすでに天下人と認識されていた。しかし、いまだ豊臣政権の五大老としての立場から抜け出しておらず、大義名分もないことから、この時点での家康は、大坂城の豊臣秀頼《ひでより》を攻め滅ぼすことはできなかった。

そこで家康は、慶長八年（一六〇三）に征夷大将軍に任官し、関白を頂点とする豊臣政権とは異なる、将軍を頂点とする新たな政権を打ち立てることによって、秀頼との決定的な対立を回避しながら、五大老という立場から抜け出した。家康は、同十年には将軍職を秀忠《ひでただ》に譲って大御所となり、のちに駿府に移るが、そこで実力者である天下人として、なお実権を握り続けた。

このように、武家の棟梁である将軍に就任した家康と秀忠について注目したいのが、南部の馬と鷹、なかでも南部馬についてである。家康と秀忠は、将軍となって江戸に幕府を開くよりも前から、南部領に「御鷹御馬御用」の役人衆を頻繁に派遣して、南部の鷹とともに南部馬の確保に意を注いでいた（『譜牒余録』）。

南部馬

なぜ南部馬に注目するのかといえば、家康は、武家の棟梁である征夷大将軍に就任しようとするとき、武家の伝統を強く意識したが、中世において武家の棟梁の条件として観念されていたものに、馬の産地の掌握が挙げられるからである。つまり、将軍に就任しようとする家康にとって、奥羽は古代以来の馬産地として知られており、そのなかでも、武士の世となって彼らの垂涎の的であった「糠部の駿馬《しゅんめ》」や「戸立《へだち》の馬」を産した糠部郡（江戸時代初期に北・二戸・三戸・九戸の四郡に分かれる）を含む南部領の馬＝南部馬の確保が欠かせなかったと考えるからである。武家の棟梁として、家康・秀忠は、誰もが認める優れた馬である南部馬を確保する必要があった。

この「御鷹御馬御用」の役人衆の派遣は、幕府による「公儀御鷹師衆」（「公儀御鷹匠衆」とも）と「公儀御馬買衆」の派遣に引き継がれ、公儀御馬買衆の派遣は元禄三年（一六九〇）を最後に途絶えるが、その購入方法を変化させながら、南部馬は幕末まで「御馬」として毎年買い続けられていく。そうしたこともあり、盛岡藩南部家は、良馬を産することが南部家の役割であると認識され、馬産に努めることになる。

南部鷹

一方の鷹であるが、豊臣秀吉は鷹を好み、諸大名に献上させたほか、鷹の産地である松前《まつまえ》、津軽、日向《ひゅうが》の鷹を独占した。秀吉は鷹を政治利用したことから、逸物の鷹を確保する必要があったのである。

しかし、馬に関しては、諸大名に献上させてはいたが、積極的に南部馬を確保するしくみは整えていない。鷹や放鷹《ほうよう》は天皇大権を象徴したから、ここに、関白を頂点とする豊臣政権と将軍を頂点とする徳川政権との違いを指摘できるだろう。家康と秀忠は先に述べたように、「御鷹御馬御用」の役人衆を派遣して、逸物の鷹ばかりでなく駿馬も確保していた。

徳川家の鷹匠の派遣を引き継ぐ「公儀御鷹師衆」は、松前（松前藩）、津軽（弘前藩）、南部（盛岡藩）の鷹を確保するために、それぞれ特定の幕府鷹匠が派遣されていた。この公儀御鷹師衆の派遣は、三代将軍家光《いえみつ》が没して家綱《いえつな》が四代将軍に就任した慶安四年（一六五一）以降、その派遣が確認できなくなる。泰平の時代への移行が、ここにもあらわれていよう。将軍の「御鷹」の確保は献上だけになり、五代将軍綱吉《つなよし》の生類憐《しょうるいあわれ》みの令が展開されると、将軍による放鷹は、八代将軍吉宗《よしむね》が再開するまで途絶える。

一方、生類憐みの令の影響もあってのことだろう、購入馬数は減少するが、購入が途絶えることはなかった。武家の棟梁である征夷大将軍にとって、その権威を支えるひとつが南部馬であり、幕末まで欠かすことができなかったのである。

3　利直による直仕置

元和飢饉

利直は時折、大御所家康によって駿府《すんぷ》に招かれ、馬と鷹について物語っていたように、家康との関係は良好であった。その家康は大御所となってからも政治の実権を握り、大名を臣従させていき、大坂の陣でついに大坂城に拠る豊臣秀頼を攻め滅ぼしている。

利直は慶長十九年（一六一四）の大坂冬の陣に参陣して茨木城《いばらきじょう》を破却しており、同二十年（元和元年）の大坂夏の陣で豊臣氏が滅んだあとは、祝賀のため京都で家康に面会している。この年、家康から利直には虎が与えられている。前年にカンボジアから家康に献上された虎であった。

この元和元年には、奥羽の北部を中心に飢饉が襲っている。盛岡藩の四大飢饉といえば元禄・宝暦・天明・天保飢饉を指すが、江戸時代の最初のころには、元和飢饉と寛永飢饉が襲っている。利直の治世に発生した元和飢饉について、ここでは述べておこう。

この元和飢饉に関する史料は多くはない。ただ、利直が飢饉に際して対策を指示した元和二年（一六一六）五月の黒印状（「覚」）が残されており、その具体的な内容を知ることができる（『図説盛岡四百年』上、所収写真）。九つの条文について紹介しよう。

第一条：飢饉となり餓死するまでに及んで、武家奉公人たちが困窮しており、軍馬や武具の備えについて油断することもあるだろうが、武芸についてはしっかり務めること。

第二条：田畑を荒らした状態のままにしている者については、夏蒔きをして冬の飯米とすること。

第三条：名を知られた者でも、武士・百姓にかかわらず餓死する者が多いが、その場合は報告すること。

第四条：元金山であったところについて、税金がまだ完納されておらず、昨年から藩が管理しているが、今年は飢饉に見舞われていることから、農作業が済んだならば、金山を掘って兵粮米などでも購入して、命をつなぐこと。

第五条：馬を多く飼育していて飼料に困る者もいるだろうから、その者は許可を得て馬の売買をしてもよいこと。

第六条：今年はとくに服装などの身なりは気にする必要がないこと。

第七条：地方知行の武士は、知行所に赴き、農作業に精を出し、飢えに及ぶ百姓らを一日でも助けて命をつなげるように心がけること。

第八条：地方知行の武士が、知行百姓を労働や物資輸送などに駆り出しては、農作業の支障になることから、七月までは負担を課してはいけないこと。

第九条：武家奉公人や百姓以下の者まで、飢えに及んだとしても、暇を請わずに勝手に逃亡することは、処罰の対象とすること。

付則：この法を破り、「悪心・悪逆」を抱く者がいれば、親子や親類であっても、訴え出ること、訴え出た者には褒美を与えること。

そして最後に、「条文の内容を理解し、下々の者までも背くことがないように申し聞かせよ」と締めくくっている。

この黒印状の条文のなかでも第七条には、「田地ニ精を入及餓ニ百姓等一日も助け候様ニ可致覚悟事」とあって、利直が、飢えに苦しむ百姓たちを一日でも延命させようと、懸命であったことがわかるだろう。

このあと盛岡藩領を襲う寛永飢饉では、幕府の飢饉奉行が三代藩主南部重直に宛てた文書で飢饉対策を伝達しているが、元和飢饉では利直が自身の黒印状（直状）で細かなことにまで指示を出しているように、藩主の政治のあり方は、藩主が直接に細部までも把握・掌握して命令をくだす直仕置の段階にあったことがわかる。

図５　南部利直　もりおか歴史文化館所蔵

日本海海運の豪商と南部氏

ところで、この元和飢饉のとき、以前から南部氏と関係を深めていた日本海海運を担った豪商の酒田の加賀、若狭小浜の組屋、越前敦賀の道川《どうのかわ》、越前新保の久末《ひさすえ》のうち、久末氏は船役免除の特権を獲得しているが、その事情は次のようなものであった。

大坂夏の陣で豊臣氏が滅んだ翌年、久末は若狭小浜から藩主利直と家老らの武具・馬具などを下北半島の田名部湊まで船で運んだ。元和三年には、飢饉に見舞われた盛岡藩の田名部湊に、越中国で種米を調達して届けている。

このとき、久末は運賃を受け取らなかったことから、その忠節に対し、利直が田名部湊における船諸役免除の特権を認めた、というものである（「久末文書」）。

加賀・道川・久末らは、南部信直・利直から船役を免除された経緯と証文（黒印状）など、先祖と南部氏とのつながりを「由緒」として、盛岡藩との関係を維持し、藩主の初入部や自分たちの代替わりには、盛岡や江戸で御目見を果たして礼を尽くし、進物を献じている。久末は、盛岡藩が飢饉や蝦夷地警衛などで財政が厳しい場合には、船役免除分の「借上」に応じてもいる。当主同士の関係は、長年にわたることで家同士の関係に転化したのである。

加賀・道川・久末らは、奥羽の富である材木・海産物、そして江戸時代中期以降、金銀に代わり多く産出されるようになった銅を御用銅として大坂に船で運んだから、江戸時代をとおして、時に経営が傾き中絶しつつも、商船を調達すると、「由緒」を頼りに盛岡藩南部家との関係を復活させ、田名部に船を寄港させている。盛岡藩南部家側も「往古の免許状（＝黒印状）」（「道川家文書」『青森県史』）を黙視できなかったのである。

信直・利直との関係が「由緒」となり、彼らが発給した黒印状が重んじられたように、「家」の由緒を形成するうえで、慶長・元和期というひとつの時代が、特有の重みを放っていた。

利直による領内支配と目安

先に述べたように、利直による政治は藩主による直仕置の段階にあったわけだが、それは、慶長・元和期は、大身家臣を家老として家中に取り込んだかたちの藩政がまだ確立しておらず、機構も整備されていなかったことからもわかる。当然ながら、藩領全体を統一した基準でもって支配する段階にはいたっていない。

こうした状況下では、地方知行制を採る盛岡藩としては給人（地方知行の藩士）による知行の支配、さらに藩の直轄地である蔵入地を支配する代官の支配、村役人である肝煎らの動向についても、藩主が目を光らせ、これを把握して、掌握する必要があった。そうしたときに重要となるのが、領民である百姓による監視の「目」である。

慶長十七年（一六一二）十月付けの利直の黒印状である「代官中付候事」（「條貫雑記」もりおか歴史文化館所蔵）にお

いて、代官の非分については百姓が「目安」で訴えることを容認している。

代官申付候事

一、五百六拾石壱斗三升六合　大仏村

一、弐百八拾八石弐斗六升　花崎村

合八百四拾八石三斗四升弐合

右二ケ所代官申付候間、毎年無未進様ニ田地念を入、用水せき川よけ日そん(損)水そん(損)なき様ニ可申付事、肝煎に伝馬郷役遅々為仕間敷候、又為私馬を壱疋も夫を壱人礼銭礼物菜さうじニ而も取申間敷候、又我代官所にて何にてもかい物仕間敷候、其外紛たる事候は、百姓以目安可申上由、兼而より其約束候也、

慶長十七年

十月十日　（利直）

小泉式部少

閉伊喜助

（口語訳）

右の二ヵ所（大仏村・花先村、現青森県八戸市）について、小泉と閉伊に代官を申し付けたので、毎年、年貢の未納がないように田地について注意を払い、用水堰については土砂を取り除き、日照りや洪水による被害がないようにすること。村の肝煎には伝馬役を遅滞させてはならない。また、馬を一頭、人夫を一人、礼銭や礼物なども、私的に使ったり取ったりしてはいけない。また、自分の代官所管内において、買い物をしてはならない。そのほか代官に任命した二人に疑わしいことがあれば、百姓が目安で訴え出ることとしており、これが以前からの取り決めである。

この利直の百姓による「目安」（直訴）の容認については、同じく慶長十七年十月の「代官所之定」（「三ケ尻九三郎・美濃辺長三郎宛南部利直黒印状」『東和町史』上巻）の「紛たる事ヲは百姓目安を可申上由兼而より其約束候也（疑わしいことについては、百姓が目安で直訴することが、以前からの取り決めである）」からも確認できる。

利直が領内支配を進めるにあたり、その妨げとなる代官による厳しい不当な支配を監視し、その排除を目的として、「目安」＝「百姓の目」を利用していたのである。こうしたことは、三代藩主重直による直訴の容認や城下に設置された「御目安箱」の活用にもつながる。重直は、直訴をした百姓を罰することはなかった。

八戸氏の「大名心」を奪う

このように利直期は、藩主自らが出頭人とともに全般にわたって政治を執る直仕置の段階で、大身家臣に対しては、家中への取り込みを強めた時期である。その様子を、中世においては八戸を拠点に独立した領主として三戸南部家を凌ぐ勢力を保持していた時期をもち、盛岡藩にあってはほかを圧倒する一万二千五百石を有する八戸南部家（のちの遠野南部家）を例に紹介したい。

利直の父である信直は、先に紹介した文禄二年（一五九三）の書状のなかで、八戸直栄に対し、「手前不調ニ候へハ、則身上はて候、前々之様ニ大名心返々無用ニ候、万念入、若何事候共、九郎身上はてさる様に、旁々御かせき肝要ニ候、」と述べていて、「あなた（八戸直栄）が失態を犯せば、身を亡ぼすことになる。これまでのような大名心は、とにかく無用である。すべてに油断せず、もし何かことが生じても、わたし（信直）の嫡子である九郎（利直）が身を亡ぼすことがないように、あなた方の奉公が重要となる」と伝えている。つまり、八戸直栄に「大名心」を捨てて南部信直・利直父子への奉公を求めており、八戸南部家が三戸南部家（のちの盛岡藩南部家）の支配に組み込まれた現実を突きつけた。

そのうえで「幾度申越候へく候共、八戸ハた、古本可有と存候て、無心元候、（中略）返々むかしをひき候て、九戸之親類共、主を引たをし候間、其分別可然候、（中略）京いなか古本云事すたり物ニ候間、如何様ニもさいかく候て、家督を御つゝけ然へく候、」と述べている。信直は直栄に対し、「繰り返し伝えているけれども、八戸氏は「古本」、つまり従来の価値観に拠っており、不安である。九戸氏の親類たちが昔からのことにこだわり従来の価値観から抜け出せなかったために、九戸一揆で政実が滅ぶことになったのだから、そのことをよく理解すべきである。京では、これまでの価値観が通用するような地域は遅れていると認識されているので、なんとしてでも新たな価値観や支配秩序にうまく順応して、「家」を存続させていくべきである。」と諭しているのである。

このように信直は、九戸一揆で滅んだ九戸政実とその一族を例に挙げて、「京」では「古本」「いなか」は「すたり物」、もはや過去のものとなっていると説いており、「古本」と表現される従来の価値観に固執して「むかし」(過去)の慣例に倣うことを否定している。

4　藩政の確立にむけて

利直による家中への取り込み

そして信直の跡を継いだ利直は、慶長十七年(一六一二)、当主八戸直政に対し、将軍徳川秀忠と御目見をさせて、幕藩関係の場で主従関係を再確認させたが、この御目見について『三翁昔語』は、八戸氏にとって「世の盛衰と乍言残念(世の中の移り変わりとはいえ残念)」なことと記す。

さらに直政の没後は正室の清心尼が当主となるが、利直は、「女之身にて別而苦労(女性の身であり特に苦労なこと)」(『三翁昔語』)だとして、八戸氏の支配する田名部を「借上」と称して事実上没収し、次の当主となった直義《なおよし》(清心尼の養子)に対しては、仙台藩領との境の重要性を説いて、寛永四年(一六二七)、本貫の地である八戸から遠野に移封させるなど、かつての独立領主として八戸氏がもつ「大名心」を完全に否定し、家中への取り込みを図ったのである。

そして、利直以上に強力に八戸氏の臣従化を押し進めたのは、次の三代藩主重直である。重直は、利直と同様に直義を家臣の一人として将軍に御目見させ、また証人（＝陪臣質人、人質）として江戸へ差し出すなど、幕藩関係の場で臣従関係を明確に確認し、再認識させた。そうしたことは、利直が採用した書札礼《しょさつれい》にくらべ、極めて薄礼な書札礼で書かれた直義宛重直書状からも明確に読み取れる（図６）。

家老として生きる

さらに、重直は、参勤で江戸に出立するのを機に、承諾させるのではなく「仰付」（命令）でもって、直義を藩の合議の場である会所寄合に出席させ、家老として本格的に藩政に参画させている（「雑書」もりおか歴史文化館所蔵）。利直は、直義を八戸から遠野に移封させる際、断ることができない状況に追い込みながらも、直義に遠野移封を承諾させるという手続きを踏んだのに対し、重直は、「仰付」でもって会所寄合への出席を命じたのである。

こうした結果、八戸氏は、将軍との御目見や家老としての功績を「家」の名誉として記録し伝えていくようになる。中世の領主八戸南部氏の終焉、近世の家老遠野南部氏、遠野南部家の開幕であった。

変化する盛岡藩領の女性たち

ところで、新たな支配秩序や価値観のなかに取り込まれていくのは、男性だけでなく、女性も同様であった。利直が一六二〇年代（元和・寛永年間）に記した書状（「宝翰類聚」岩手県立図書館所蔵）には、

かミかたノおなこ共、りこんすき口をたゝき候間、見くるしく候間、心ニあわす候、とかく女之心ハ、三戸まわりニましたる事なく候、しわより南、秋田・せんふく・つかるハ、はやあしく候、とかくぬかのぶきとくなる所に候、女之もつへき心ハ、其元之物ともよく候、其もはや二十年こなたへハ、りこん立をなし候て、おんなともあしく候、むかし之心ニ、女ともたしなミ候へと可申候、

（口語訳）

上方の女性たちは、賢く口が達者となり、出すぎた口を利き、見苦しくあるので、私は気に入らない。とにか

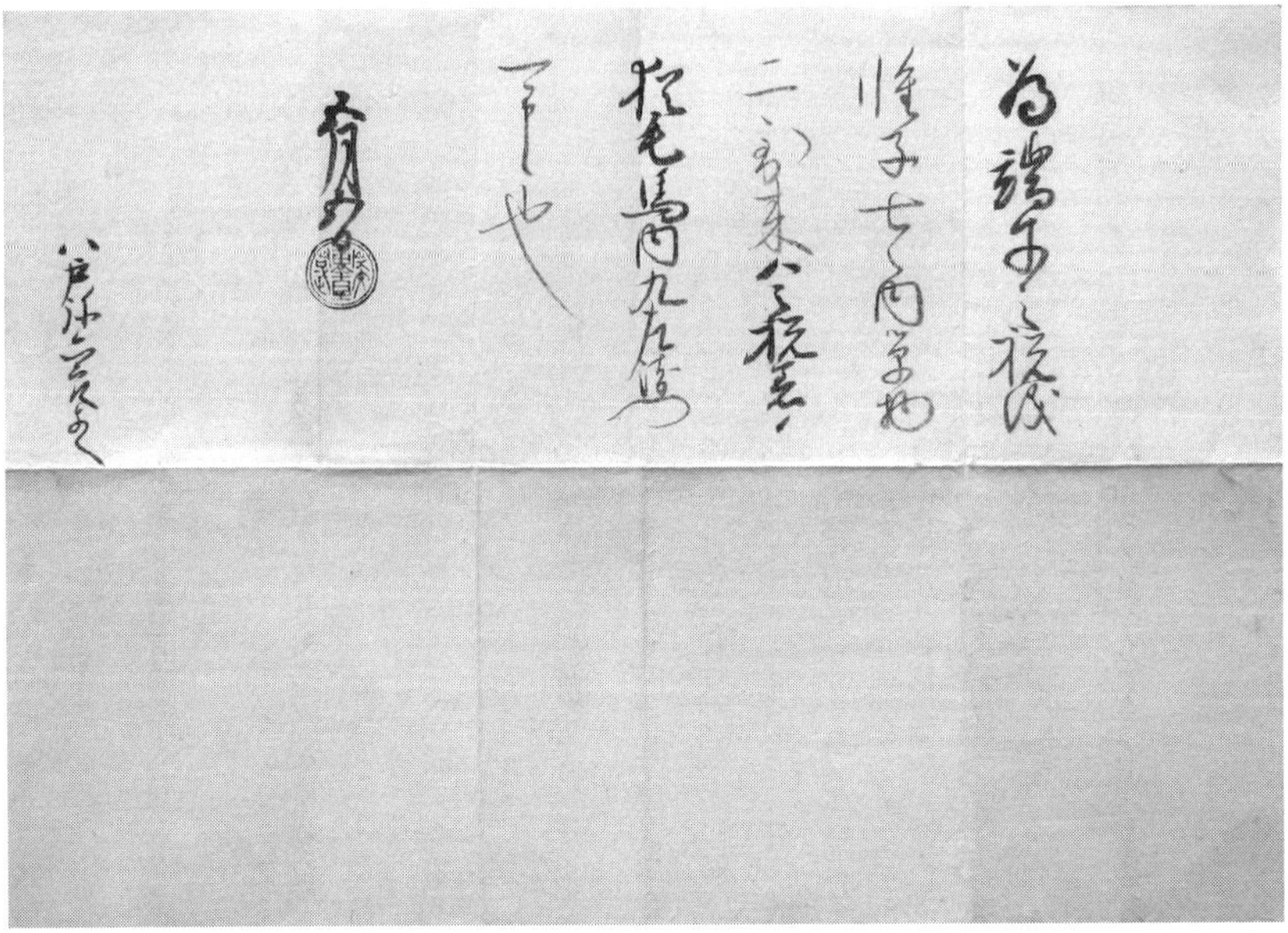

図６　八戸直義宛南部重直書状　東京都府中市東郷寺所蔵

く女性の心は、三戸周辺の女性の心よりもすぐれているところはなく、素晴らしい。志和郡（現岩手県紫波郡）より南、秋田や仙北（現秋田県）、津軽は、すでに女性の心が悪くなっている。とにかく三戸を含む糠部の地域は奇特なところである。女性がもつべき心は、三戸の女性の心であるべきだ。ところが早くも二十年が過ぎて、男性に対しも賢く口が達者となり、女性たちは悪くなった。かつての女性たちがもっていた心を、女性たちが見習い学ぶべきである。

とある。利直は、上方の女性は賢くなり、出すぎた口を利くようになり見苦しく、気に入らない、と述べる一方で、自身の拠点である三戸周辺の女性については、上方の女性よりも心が優れている、と評価する。

しかし、次第に女性にも変化が及んできており、それを「あし」＝「悪し」と表現したうえで、三戸を含む糠部の女性は奇特で、「むかし之心」をもっていると評価する。男性は「古本」「むかし」「いなか」を否定される一方で、女性のもつべき心を「むかし之心」

だとして、心得るようにと求めている。

利直の視線という男性本位の見方だが、この時期、男女によって求められるものが異なっていたことがわかり興味深い。ただし、「遠国」である盛岡藩領の女性たちにも、時が経つにつれて着実に変化があらわれはじめていた。上方中心の「日本之つき合」が、「遠国」である盛岡藩領のあり方に、本格的に影響を及ぼすようになっていくのである。

コラム—1

信直・利直とその家族の戒名と南部家の墓

江戸時代には「家」の存続が何より重要だった。それは、自分を先祖として祀ってくれる子孫を後世に伝えていきたいからである。平和が確固たるものとなった江戸時代には、庶民の「家」も安定して継承されていく環境が整い、墓の建立も広がった。現在はその反対で、墓を遺すと子孫に迷惑をかけるとして、墓じまいをする人が増えているという。人生設計においても「家」より「個人」を重視する傾向が強まっている。

このように、「家」と「墓」は深い関係にある。そこで、ここでは、盛岡藩の藩主家である南部家の菩提寺と墓について紹介したい。

歴代の盛岡藩主が眠る菩提寺は、岩手県盛岡市北山に所在する臨済宗の聖寿寺と曹洞宗の東禅寺である。聖寿寺は、もとは三戸にあった寺院で、盛岡に城下が移ると同じく移転している。聖寿寺は移転したが、そこには三光庵が残り、現在、三光寺として続いている。一方の東禅寺は、もとは遠野の附馬牛《つきもうし》(現岩手県遠野市附馬牛)にあった寺院で、発掘調査などから、中世からの大寺院(現在は東禅寺跡が遺るのみ)であったことがわかるが、やはり江戸時代はじめに盛岡に移転している。両寺には歴代藩主の墓が今も遺り、時折、市民がお参りしに立ち寄る。

聖寿寺と東禅寺は、真言宗永福寺、曹洞宗報恩寺、時宗教浄寺とともに、「五ケ寺」と称されるもっとも高い寺格を誇る寺院である。五ケ寺は永福寺を筆頭とし、時代によって城内における席次には入れ替わりがみられ、さらに文政年間(一八一八—三〇)には浄土真宗の本誓寺と願教寺が加わって七寺院となるものの、最高の寺格をあらわすものとして「五ヶ寺」と称され続けた。この五ケ寺は、盛岡五山と呼ばれることもあるが、それは禅宗寺院の寺格である鎌倉五山や京都五山に倣って言い慣わされたものと考えられ、正式には、盛岡藩家老席日記「雑書」（もりおか歴史文化館所蔵）にみえるように「五ケ寺」である。

ちなみに、江戸における菩提寺は、徳川家康に仕え、武家諸法度、禁中並公家諸法度、伴天連追放之文などを起草した以心崇伝《いしんすうでん》を開基とする金地院《こんちいん》であり、現在は東京タワーの近くに所在する。盛岡藩南部家のほか、分家で旗本の麴町南部家や、盛岡藩から分離独立した八戸藩南部家の墓もある。八戸藩では藩主の墓も建立されているが、盛岡藩では藩主の家族（藩主の正室や、嫡子のうちに亡くなった南部吉松〈三代藩主重直の嫡子〉と南部実信〈五代藩主行信の嫡子〉など）がここに眠る。さらに高野山にも墓はあるが、それは墓といっても供養塔のようなものである。

さて、聖寿寺には、三代重直、四代重信《しげのぶ》、五代行信《ゆきのぶ》、七代利幹《としもと》、八代利視《としみ》、九代利雄《としかつ》、十一代利敬《としたか》、十三代利済《としただ》、十五代利剛《としひさ》（ただし利剛は東京の護国寺に埋葬）の墓があり、東禅寺には二代利直、六代信恩《のぶおき》、十代利正《としまさ》、十二代利用《としもち》、十四代利義《としとも》の墓がある。現在は墓石だけが遺るが、かつては簡易な御《お》霊屋《たまや》（覆屋）があった。それは、古い絵図に描かれていることからわかるが、家老席日記「雑書」に、墓守が任命され、御霊屋を管理している記事がみられることからも確かめられる。

初代藩主信直については、三戸にあったころの聖寿寺に葬られ、現在は三光寺（もと三光庵）に、夫婦そろって墓石（五輪塔と宝篋印塔の特徴をもつ）が遺る。以前は覆屋もあったが今はない。

墓は盛岡に移されることはなかったが、八代藩主利視によって、盛岡城内に淡路丸大明神として勧請され、のちに十一代利敬が桜山大明神と改称して祀った。明治になって盛岡の北山に移ったものの、その後、再び盛岡城のそばに移転し、桜山神社として親しまれている。信直は、南部家初代の南部光行、藩主の利直、利敬とともに祭神となっている。

歴代藩主の墓であるが、初代信直のものは、三戸周辺に特有の五輪塔と宝篋印塔《ほうきょういんとう》の特徴をもつ墓石で、二代

図７　南部重直墓所　盛岡市教育委員会提供

利直やその子利康《としやす》は御霊屋が建立され、三代重直は大型の五輪塔となる。利直に可愛がられ、期待されていた利康の御霊屋は、非常に立派で豪華な造りであり、また、重直の墓の発掘調査では、遺灰は常滑《とこなめ》の壺に納められ、慶長小判も副葬されていた。産金《さんきん》で潤う当時の盛岡藩南部家の財力をうかがわせるものといえよう。

そして、四代重信以降は長方形の墓石となっている。なお、金地院にある重直の嫡子吉松や娘吹の墓も大型の五輪塔であることから、重直と重直の家族の墓は大型の五輪塔が採用されていたことがわかる。しかし、五代行信が三戸から盛岡に改葬した二代利直の墓は長方形の墓石であり、その後に亡くなった隠居重信（四代）と五代行信の墓石も、改葬された利直の墓と同じ型を踏襲している。つまり、三代重直と四代重信以降とでは、墓の形に大きな違いがあるのである。金地院にある行信の嫡子実信の墓も五輪塔ではない。

その違いがどうして生じたのか、管見の限り史料がなく定かではないが、信直—利直—重直と続いた直系から、重直の弟重信が藩主となったことと関係しているのではないか、と考えている。実名も「直」の字を継承してきたが、重信からは「信」の字を継承して、重信—行信—実信と続く。墓の型の系統にも変化を設けたのではないだろうか。

ちなみに、藩主の正室の墓は、大型の五輪塔が踏襲されていく。性別によって墓の形に違いが設けられているのは興味深い。重直の没後、盛岡藩から分離独立した八戸藩主の墓は、大型の五輪塔が採用されている。南部家における藩主と正室との関係、盛岡藩南部家と八戸藩南部家との関係を、墓から読み解くことができたらおもしろい。

ところで、盛岡藩の江戸の菩提寺である金地院の崇伝と二代利直は懇意な関係にあり、利直は崇伝から「南宗院殿四品前信州太守月渓晴公大居士」と戒名が贈られている（『本光国師日記』寛永九年八月十九日条）。

なお利直は、没する直前の寛永九年（一六三二）七月、崇伝から故・四男利康の院号「彦龍院」を贈られた際、「一門書付号候様ニ」と崇伝に依頼し、父信直には「奥金道通大禅定門　大膳太夫」（常住院殿前光禄大夫江山心公大居士）、「桂岳妙芳大禅定尼　優婆」と「清月道光大禅定門　祖父」は誰のものか検討が必要だが、姉で清心尼の母である千代子には「雲甫妙岫大禅定尼　姉」（玉貌貞春大禅定尼）、桧山御前と呼ばれた妹には「海巌妙馨大禅定尼　妹」（蓮生院殿杳襟松公大姉）、長男家直《いえなお》には「大室宗六大禅定門　兵六」（法泉寺殿景山公大禅定門）、二男政直《まさなお》には「英甫道彦禅定門　彦九郎」（天岩宗青大居士）、四男利康の母には「花岳妙英大禅定尼　藴公母義」（香林院殿梅枝月江大夫人）と戒名を授けてもらっている（『本光国師日記』同年七月十五日条。丸括弧内は、盛岡藩の史書にみえる戒名）。

崇伝から贈られた院号・戒名が使用され、盛岡藩の史書に確認できるのは、利直と利康だけである。盛岡藩と金地院との関係や、戒名をめぐる江戸と国許の菩提寺との関係をうかがわせる興味深い事実だろう。

コラム―2

利直書状にみる利直と重直の親子関係

江戸時代は「家」の存続が何より重んじられるようになったから、徳目のなかでも「孝」が重視された。五代将軍徳川綱吉の武家諸法度の第一条にも、「文武忠孝を励まし、礼儀を正すべき事」とあって、主従の関係における「忠」とともに、父祖との関係における「孝」が、大切にすべき徳目とされたのである。そしてこの「孝」については、四代将軍家綱の武家諸法度には、「不孝」の者を処罰する、との不孝条項が掲げられ、実際に親不孝を実父に訴えられた丹後国宮津藩主の京極高国《きょうごくたかくに》は改易となり、盛岡藩南部家に預けられている。

このように「家」の存続には親子関係が良好であることが重要なわけだが、二代利直とその嫡子重直（のちに三代）との関係はどのようなものだったのだろうか。父である利直が、その書状のなかで嫡子重直についてしたためており、南部家において、ほかにこうした藩主書状は見いだせず、興味深いものであるから紹介しよう。

利直には、家直、政直、重直、利康、重信、利長《としなが》、直房《なおふさ》と七男があった。そのうち正室の子で嫡子となったのが三男重直であり、その重直は実子と養子を相次いで失ったことから、重直の死後、幕府の命により、五男重信と七男直房が盛岡藩十万石を八万石（重信）と二万石（直房、八戸藩）に分けて相続することになる。重信は側室花輪氏の子で南部一族の七戸家を継いで七戸隼人、直房は側室中里氏の子で中里数馬と名乗っていた。父利直と重信・直房との逸話はあまり伝わらず、とくに直房は寛永五年（一六二八）生まれであるから、父が他界したときは数え年でわずか五歳であった。なお、伝えるところでは、兄重直と弟重信・直房とは、兄弟仲が悪かったようである。

では、ほかの兄弟は、というと、長男家直は側室の子で嫡子とはならず十六歳で早世、二男政直も側室の子で花巻城代を務めるも二十六歳で早世した。政直については一説に毒殺されたとも伝えられるが、詳細はわからない。四男利康は、側室の子で南部一族の南家を継いでおり、父利直に期待されてもいたが、二十五歳で早世している。六男利長は、側室山田氏の苗字を名乗って山田主水といい、子の久松は重直の相続人候補のひとりと目されてもいたようであるが、利長は兄重直より早く三十七歳で没している。

さて、江戸で誕生した重直は、その後、七歳のときに将軍秀忠に御目見して嫡子としての地位を確かなものとし、十三歳で従五位下山城守に叙任、寛永九年（一六三二）に父利直が没すると、二十七歳でその跡を継いだ。そのため、利直が書状にしたためたときの重直は、嫡子時代の重直ということになる。

まずは、鷹狩に関する利直書状のなかの重直をみてみよう。この時期、盛岡藩南部家には幕府から公儀御鷹師衆が派遣されていた。彼らの目的は、盛岡藩領の南部の鷹のうち優れた逸物の鷹を入手することにあった。藩主時代のことになるが、重直は彼らに優れた鷹を渡すために、どの鷹にするか八戸で試しており、放鷹の技術をもちあわせていた。馬・鷹に関して家康から一目置かれていた父利直だったが、嫡子重直の鷹の技術については、どのように評価し、また鍛えていたのだろうか。

尚々たかいたミ候ハん様ニへちニ可申候、以上、

昨日ひはり上候ハん存候へハ何まて今ニあけ候ハす候や、さかりニ候ハん間為取可申候、山城取候を見度と申候ハ、つかいにて見せ可申候、山城合候ハ、いたミ候事も可有候間へち合可申候、恐々謹言、

七月廿日

この書状によると、鷹狩りでひばりを捕獲するように「へち」に催促しているが、それを「山城」、つまり、重直がみたいといったならば見物させるように、と伝えている。放鷹の技術はこうして教え、学んでいたようだ（「南部利直書状」もりおか歴史文化館所蔵）。

しかし、利直は、重直が鷹を遣ったら、鷹を痛めてしまうこともあるだろうから、重直ではなく「へち」が

「合わせる」ように、と伝えている。鷹を放つときには技術が必要で、失敗すると鷹を痛めることから、「へち」に任せている。お気に入りの鷹だったことから扱いに慎重だったのか、それとも重直の技術が未熟で、鷹を扱わせるのが不安だったのだろうか。

次に、父利直が、息子の重直をどのようにみていたのか、よくわかる記述がみられる書状がある。その書状（「南部利直書状」『岩手県戦国期文書Ⅰ』）のなかには、

一式部殿、山城所へ一度ならてハ不被越之由、左様ニ可有候、山城内儀別服ニて候、其上山城不行儀者に候間、しかと有間敷候、左馬殿も此比ハ合点有へく候、

とある。式部殿は、重直の正室（山城内儀）の兄である加藤式部少輔明成《あきなり》であり、左馬殿は、明成と重直の正室の父で会津藩主の加藤左馬助嘉明《よしあき》である。

文意を捉えることがやや難しいが、「明成は重直のところに行きたがらない。それは、重直の正室加藤氏が明成とは母が異なり（別腹）、さらに重直が「不行儀者」であるからで、明成と重直の関係がうまくいかない。嘉明も、最近になってその理由を理解したようである」といったところだろうか。嘉明は、「不行儀」ぶりを知らずに重直を娘婿としており、利直は、やっと重直の「不行儀」ぶりを嘉明も理解したか、といった具合に思っていたようだ。

利直は、重直の振る舞いに厳しい視線をむけていた。さらに利直の重直評はひどいもので、

一おうへゟ《より》之文見候、山城二、三日口中煩候而、食らい候事不成、目もわるく候て旁迷惑之由申越候、たはこを呑候間、色々之事可有候、其上上様御目をくらハし、親之目をもくらハす者ニ候間、目も天命にて悪可有候、しうおやを悪敷かるしめる者ニ、天道能者□なく候、しうと親にハいかにも正直ニて、たしなミ候て社御冥利もあり、天命もよきものニ候、今之人子共ハ其方や我等親へおぢ候様ニハなく候当

世に候哉、人之子共も利根過にて、中く親之下知も不聞候、

（口語訳）

「おうへ」からの手紙をみました。重直は二、三日口のなかを病んでおり、食事もできず、目も悪くて困っている、とのこと。煙草を呑むので、いろいろなことがあるだろう。そのうえ将軍を呆気に取らせ、親をも呆気に取らせる者であるから、目も天命によって悪いのだろう。舅である嘉明を無下にする者に、宿命のよい者はいない。舅には正直につき合い敬えば恩恵も得られ、宿命もよいものとなるだろう。今どきの子どもたちは、あなた（「おうへ」）や親（利直）に怖気づくこともない世の中であることよ。重直だけでなくほかの人の子も知恵をつけて、なかなか親の言うことも聞かない。

以前によく耳にした「今どきの子は」といったところだろうか。こうした利直と重直の世代間による価値観の違いが、利直による重直への評価を厳しいものにしていたようである。利直は、重直のそうした姿をみていたからこそ、先に紹介したように、舅嘉明がようやっと重直の「不行儀」ぶりを理解したか、と述べたのだろう。

ところで第二章で紹介するが、重直については、「色々不行儀之儀」が将軍家光の耳にも届いている。利直書状にも「上様御目をくらハし（将軍家光を呆気に取らせ）」とあるように、親の利直だけでなく、将軍家光も重直の「不行儀」ぶりには手を焼いていたようである。重直はなかなかに型破りな嫡子だったといえよう。そしてそのことが、盛岡藩南部家を存続の危機（改易）に直面させ、重直を暴君とする歴史が描かれる要因となる。

二　暴君重直による新参家臣の召抱えと南部騒動

「家中」の形成と「御家」の存続危機

1　暴君重直の素顔

この章では、三代藩主南部重直の治世について、新参家臣の召抱えによる「家中」（家臣団）の形成と藩政の確立との関係、そして、「御家」の存続を揺るがす家中騒動（御家騒動）である南部騒動に注目して話を進めていこう。そのなかで、暴君重直の実像に迫りたい。

重直は、「御家」の存続を脅かす事態を招いたエピソードが数多く語り継がれている藩主で、史書には暴君として描かれる。とくに盛岡藩南部家は旧族外様大名家で、譜代家臣を擁していたにもかかわらず、江戸で数多くの新参家臣を召抱えたことが批判されてきた。事実、重直は約二百名にも及ぶ新参家臣を召抱えており、彼らの多くは全国各地に出自をもつ牢人やその子弟であった。この新参家臣の召抱えは、盛岡藩南部家の家中にどのような影響を及ぼすことになったのだろうか。重直の人となりとあわせて読み解いていこう。

三代藩主南部重直

重直は、二代藩主利直の三男として、慶長十一年（一六〇六）に江戸で生まれた。母は、利直の正室で、蒲生氏郷の養女である於武（のちの源秀院）である。元和四年（一六一八）には従五位下山城守に叙任した。そして寛永九年（一六三二）、父利直が享年五十七で没すると、重直は三代藩主に就任する。正室には、会津藩主加藤嘉明の娘を迎えたが、のちに離縁している。

そして、寛文四年（一六六四）に江戸で没した。享年五十九、法名は即性院。盛岡の聖寿寺に葬られたが、のちの発掘調査で副葬品から慶長小判が発見されたことは、産金を誇る盛岡藩南部家を伝える遺物として大きな話題となった。

図８　南部重直　もりおか歴史文化館所蔵

重直の治世には、盛岡城が居城として定まり、寛永十一年（一六三四）には将軍徳川家光から初めて領知宛行状《りょうちあてがいじょう》が発給されている。また、対馬藩の家中騒動である柳川一件で配流となった規伯玄方《きはくげんぽう》（方長老）と、福岡藩の黒田騒動で配流となった栗山大膳利章《くりやまだいぜんとしあきら》が、それぞれ幕府から御預人として預けられ、配流先の盛岡で重直と親睦を深めていたことは特筆される。とくに規伯玄方は、対馬藩で朝鮮との関係を担った外交僧で、朝鮮にも渡海したことのある博識の人物であったことから、盛岡藩の文化の形成にも大きく影響を与えたことでも知られる。盛岡土産の黄精飴《おうせいあめ》は、この規伯玄方がその製法を伝えたとされている。なお、規伯玄方と栗山大膳はともに筑前国出身で同郷であり、盛岡で交流していた。盛岡市北山にある大膳の墓の側には、規伯玄方による碑文が刻まれた石碑がある。

さて、重直が藩主に就任した寛永九年、実権を握っていた大御所徳川秀忠が没し、家光が将軍としていよいよ自立することになり、その実力が試されるなか、豊臣恩顧大名である加藤清正《かとうきよまさ》の子で、有力外様大名であった熊本藩主加藤忠広《ただひろ》を改易に処している。ともに三代目となる将軍家光と藩主重直は、同じような政治課題に取り組みながら、幕政、そして藩政を運営することになる。家光、重直はともに、祖父や父とは違って生まれながらの将軍、藩主である点でも共通している。重直の政治には、どうも家光を意識していた様子もうかがえる。

ところで、重直はこれまで暴君として語り継がれてきた。では、重直はどのような人物であったのか。史料から探ってみよう。

語られてきた重直像

重直が亡くなっておよそ半世紀が過ぎた享保十年（一七二五）かその翌年に、盛岡藩士である沖弥一右衛門が書き記した「上書」（もりおか歴史文化館所蔵）では、重直は次のように描かれている。

一山城守重直公ハ不相替御普代之御主人様なから、四民仇敵之如く奉存候事ハいかなるゆへならんか、人を多く殺害被成と申者も候得共、誰之父祖非道之御殺害に逢しといふ事は慥ニ無之候、即性院様ハ御家御中興之祖信濃守利直公御嫡、御母ハ蒲生飛騨守氏郷様之御娘故、天下に御恥被成候事なしと御心奢り御我侭之御振舞、其上花奢風流を御好故、御普代之者は東国之荒ゑひす只今より古風あり其節察すへし、江戸江被召連候而も世間を不知無調法之事共思召に不叶、上方・江戸徘徊之者人品弁舌思召にあらすといふ事なし、依之御普代なから無用之人と思召、咎なくして数人の身上被召上、新参士を召抱られ、其上御家族を被差置、堀田様より御養子被遊、既ニ御血脈を断と被遊候御心より、御領中之四民深く憤り、御怨骨髄に徹し、今にいたつても尊信仕候者無之候哉、

重直は「四民仇敵の如く存じ奉り」、「四民深く憤り、御怨み骨髄に徹し、今にいたつても尊信仕り候者これ無し」と伝えられている。その主な原因は、生まれながらの藩主としての奢りと、譜代家臣を軽んじ新参家臣を召抱え、他家の養子（幕府老中を務めた堀田正盛の五男勝直）を迎えたことが指摘されている。祖父信直、父利直が、戦国乱世を家臣たちと協力して生き抜いてきたのに対し、重直は江戸で大名嫡子として生まれ育った、典型的な生まれ

ながらの近世大名であった。

このほか、重直の暴君ぶりを伝える史料として、これまでよく紹介されてきたものに、十八世紀中ごろに盛岡藩士が記した「祐清私記《ゆうせいしき》」(『南部叢書』)がある。それによれば、

殊に御生質御短慮にて無法非儀之御方に而御座候、御諫も中々承引し玉はす、御譜代諸士朝暮気を屈し候由、殊に御譜代の者共をは気か片事に而容躰無骨者共迚身帯身上に及者多けれは、皆口を閉て一言申上候者なし、

とあり、これによると、重直は、「とくに性格は短気、乱暴で道理にそむくことをする御方である。家臣の意見をなかなか承知せず、古くから南部家に仕える譜代家臣は一日中ふさぎ込んでいる。とくに譜代家臣を融通が利かない頑固者で、礼儀・作法を知らない無風流者として、処罰されるにいたる者も多いので、皆口を閉じて言葉を発する者もいない」と評されている。やはりここでも、重直が譜代家臣を軽んじている点が指摘されている。

このように、重直が亡くなってからおよそ半世紀がたった十八世紀のはじめごろには、すでに盛岡藩士らによって暴君重直像が描かれはじめていたことがわかる。

再生産される重直暴君像

そして、近代になり、明治四十四年(一九一一)に編纂され今も広く読まれている『南部史要』では、「公性剛勇にして容姿威儀あり、而も民に臨む峻烈にして国人皆これを畏る、平素頗る遊猟を好み、江戸にある時と雖も屢近郊に狩し、在国に際しては常に山野に馳駆し、(中略)また麻布の下屋敷にて自ら罪人を斬り、腰刀を検せるが如き、以てその性質の一斑を見るべし、(中略)而も公の世臣等皆奥北にありて武芸を専らとし、風流に暗く容姿に頓着せず、これを以て公は更に遊芸技能の士数十人を招き、禄を賜ひ近侍たらしめ、世臣の容姿整はざるものは禄を没収して逐はるゝもの少なからず、尚ほ公は国中を僻土として賎み多くは江戸にあり、晩年に至り奢侈甚し」と重直を紹介している。

江戸時代に描かれた暴君重直像は、このようにして再生産され、さらに、昭和四十年代に刊行されて県民に広く

読まれた森嘉兵衛の『岩手県の歴史』（山川出版社）にも「暴君重直の遺産」として引き継がれた。森は同書で重直のことを、「非人間的なわがままな藩主」として紹介している。

その後は研究の進展とともに、重直を単に「暴君」としてのみ評価する見方は、今日では見直されつつあるが、なお根強いものがある。

これまでは、重直が亡くなって半世紀ほど時間が経過して描かれた史料から重直像を紹介してきたが、重直が生きていた時代に記された同時代の史料から、重直像に迫ってみたい。

重直の人となり

江戸藩邸執務日記（重直の藩政期のものは所在不明）からの抜粋と思われる「秘記」（岩手県立図書館所蔵）の記事をみてみると、確かに先ほど『南部史要』で紹介されている重直の姿の一端が垣間みえる。

たとえば、寛文二年（一六六二）には、江戸町奉行の村越長門守から牢屋である人屋《ひとや》の罪人一人を貰い受けると、当時、試し切りで世に知られた山野嘉右衛門に、下屋敷で重直の「御腰物」（重直の所持する刀）を用いて成敗させている。重直はその試し切りを見物するために下屋敷に出かけていた。

また、重直が亡くなる前年の寛文三年には、一月二日に登城して将軍に拝謁する年頭御礼を、病気を理由に欠席しながら、同九日、十二日、十三日、二十三日、二月十五日と御忍びで、蕨・草加・新曽（いずれも現埼玉県）に鷹狩りに出掛けているのである。ちなみに埼玉県は、盛岡藩とゆかりがあり、武蔵国岩槻（現さいたま市）には二代利直が家康・秀忠から鷹場を与えられており、重直のときに没収されたとされるが、秩父市の三峯《みつみね》神社には、明暦三年（一六五七）に重直が寄進した銅鐘《どうしょう》が今も伝わる。

「秘記」のほかに、当時の家老の奥瀬治太夫が江戸と国許で記した日記をまとめた「奥瀬家日記抜書」（もりおか歴史文化館所蔵）をみると、重直は寛文四年（この年九月に没する）も一月二日の年頭御礼を病気で欠席し、その後、幕府の許可を得て、保養のために那須に湯治に出かけているが、そこでも黒羽藩主大関氏から逃室《にがしむろ》（現栃木県那須市）周辺を借りて鷹狩りを行っていた。大田原藩主大田原氏領の波立《はったち》（現栃木県那須市）にも逗留して鷹狩りを繰り返している。

こうした記事からは、『南部史要』が重直伝として描いた彼の残忍さや身勝手さ、気性の荒さを指摘できそうだが、試し切りについていえば、それを重直の残忍な性質のあらわれとして描かれるのが、戦国の気風が廃れ、試し切りが忌避される十七世紀後半以降である点に留意する必要もあるだろう。当時は、ほかの大名も試し切りを行っていた。鷹狩りについても、武士の嗜みや慰みであるとともに、保養のために行われていたことも付け加えておきたい。

大名からの評判

では、重直と同時代の大名は、彼をどうみていたのだろうか。寛永九年（一六三二）五月に家光の「御代始の御法度」として改易処分となった加藤忠広の旧領熊本に入部した細川忠利《ほそかわただとし》は、その翌年の六月二十日、延岡藩主有馬直純《ありまなおずみ》に宛てた書状のなかで、「南部山城身上あぶなきと申し候由、此人ハ兼々見申し候処も珍しく候間、左様ニ申すべく候事（重直の大名としての地位が危ういという。重直の様子を以前からみていると、ほかの大名とは異なる様子であるから、このようにいわれることになっているのだろう）」（『細川家史料』）と記している。

このとき重直が「身上あぶなき」という事態に陥った原因は定かでないが、その文言から、重直の「珍しく候」と評される性格・人柄に起因する行動に問題があったことは推測できるだろう。重直の性格・人柄は、当時の周囲の大名から「珍し」＝風変わりな個性の強い人物と映っていたようだ。その性格・人柄が災いし、重直は、藩主就任直後に早くも改易の危機に直面していたのである。盛岡藩南部家の安定した存続を考えるうえで、重直は不安な要素を抱えもつ大名であったことは確かなようである。

参勤遅滞と改易の危機

重直が招いた南部家存続の危機は、寛永十年（一六三三）の細川忠利の書状にある一件にとどまらない。寛永十二年に出された家光政権の武家諸法度の第二条に、「毎歳夏四月中参勤致すべし」とある。これまで大名の江戸への参勤は在府期間や交替時期がまちまちであったが、交代時期が定められたことで、制度的に運用されるようになった。だが重直は、そのはじめての同十三年の参勤で遅滞して江戸に到着し、家光の怒りを買って蟄居に処されるのである。

この事態を受けて、隠居していた細川忠興《ただおき》は息子忠利に宛てた書状（寛永十四年五月二十日付）のなかで、「南部身上何共知れ申さざる由（重直の大名としての運命がどうなるかわからない）」、「東衆も御暇出候へども、未だ国へ罷り下されざる由、是ハ存じの外なる儀と存じ候事（東国大名には国許への暇が出されたが、重直はいまだに帰国が許されずにいる。これは不測のことである）」（『細川家史料』）などと記している。参勤遅滞による蟄居は、当時の大名の関心を呼んだようである。

さらに「其後色々不行儀之儀（参勤遅滞のほか、後からさまざまよくない行為）」（「旧記雑録」『鹿児島県史料』）が将軍家光の耳に入って改易がうわさされるなど、重直の危うい行動は、南部家を存続の危機に直面させた。将軍家光にとっては、参勤交代の規定の運用早々に出鼻を挫かれたわけだから、その怒りは相当なものだったと思われ、「勘気」を蒙った重直だが、寛永十四年十二月になんとか「御赦免」となっている（『江戸幕府日記』）。まさに第二の盛岡藩南部家存続の危機であった。

叱責を受けた項目

さて、参勤遅滞の理由だが、「祐清私記」や十九世紀前半に盛岡藩士が編纂した「篤焉家訓《とくえんかくん》」（もりおか歴史文化館所蔵）は、奥女中の亀子と重直の仲を疑い嫉妬した側室の最上奥が、江戸にむかう重直と揉めて日数を費やしたからだ、と説明している。また、蟄居を申し渡される際に家老が幕府から叱責された内容については、参勤遅滞のほかに六項目あったとする。なかでも、①先年のキリシタン改めの際に東国のなかでもっとも多くキリシタンを出したこと、②出丸や石垣を無許可で築いたこと、③譜代家臣が多くいるにもかかわらず他国者を数多く召抱えていること、の三項目を挙げている。

以上は、重直の「暴君」ぶりを示すものとしてよく紹介される話で、とくに老中から叱責されたという出来事は、のちに重直を批判する材料を集めて創作された逸話でもありそうだが、なかでも、①と③について事実を確認してみよう。

キリシタンと盛岡藩

寛永十二年（一六三五）八月、家光は全国の大名にキリシタン改めを命じ、その後もキリシタンの取締まりを強化している。盛岡藩南部家では、このときのキリシタン改めで一七六人を捕縛している。「切支丹文書」（もりおか歴史文化館所蔵）をみると、盛岡藩南部家は当時、産金が盛んで、鉱山などに隠れ込んだ全国各地のキリシタンが多くいた。これは幕府・藩ともに憂慮する事態で、キリシタンへの仕置が不十分であれば、重直は再び改易の危機に陥る恐れもあった。

こうした状況下で寛永十四年に発生した島原・天草一揆は、次第にその規模を拡大させていったが、幕府は、翌年二月に十二万を越える大軍でもって鎮圧した。一揆が大きくなった要因のひとつに参勤交代が挙げられる。参勤交代で寛永十三年に江戸に詰めていた東国大名は、翌年に帰国が許され、かわりに西国大名が江戸に参勤することになったわけだが、その結果、一揆発生時、九州にはおもな大名が不在であった。さらに武家諸法度では、大名は、他領で不測の事態が発生した場合、ただちに越境して鎮圧にむかうのではなく、自領の警備に努めるように求められていた。幕府は、大名が自領を越えて軍を動員し、不測の事態を招くことを警戒していたのである。こうしたことが、一揆の拡大を許したが、態勢を整えた幕府軍は、越年してどうにか一揆を鎮圧することができた。

しかし、まだキリシタンが蜂起する可能性は全国各地に潜んでいた。そこで幕府は、島原・天草一揆の鎮圧に多くの時間を要したことを教訓として、同十五年五月に武家諸法度の条項の解釈を改め、国法に背く者がある場合には、諸大名は、これまで必要とされた幕府の命令を待たずに自領を越えて出兵し、近隣の大名同士協力し合って鎮圧するように命じている。また、江戸に参勤する大名も、東西の大名の入れ替えではなく、各地に大名が残るように工夫されていく。

同十六年には、宣教師の侵入を手引きするなどしていたポルトガル人を国内から追放し、ポルトガル船の来航も禁じた。翌年には、来航した同国船の乗組員を死罪に処している。幕府は、予想されるポルトガルからの報復に備える体制を整えていくことになった。

盛岡藩は、寛永十六年に幕府の命で秋田藩とともに藩境のキリシタン詮索を行っている。同二十年には、領内の山田湾にあらわれたオランダ船の船員を捕らえて江戸に送り賞されるとともに、こうした事態を受けて幕府から、外国船の出没に注意を払うよう厳命された。重直は、自領においてキリシタンへの仕置を厳重にし、この問題で改易の危機に陥ることはなかった。

2　新参家臣の召抱えと家中形成

重直と家中（家臣団）との関係

重直が叱責された理由は、キリシタンを多く出したことのほかに、譜代家臣がいるにもかかわらず、他国者を新参家臣として数多く召抱えていたことであった。沖弥一右衛門の「上書」や「祐清私記」でも、譜代家臣を軽んじていた点が批判されていた。盛岡藩南部家は旧族外様大名家であるから、譜代家臣が多く、早くから家中を形成して固定化されていたと思われがちだが、実際はどうであったのだろうか。重直と家中の関係からみていこう。

重直と家中との関係を考えるうえで、注目すべき事実がある。そのひとつが、寛永十二年（一六三五）以降、これまで重直が家臣に発給していた知行宛行状を、藩主黒印状（直状）による発給から家老連署状による発給に切り替えていることである。この変化については、ひとつに藩主の代行機関としての家老の成立をみることができるだろう。寛永武家諸法度の規定にもとづく参勤交代の制度的運用と軌を一にして、職としての家老を中心とする藩政に移行する画期と考えたい。藩主が定期的に留守にする国許の政治を担う存在として、家老にこれまで以上に重きが置かれることになったのである。

また、本来個人と個人との関係を基軸とする主従関係にあって、それをあらわす文書である知行宛行状を、藩主の直状から家老による発給に切り替えることで、主従間の属人的・情誼的な要素を後退させ、個別的な関係から制度的な関係に転換を図り、主従関係の安定化を狙ったものとも考えられる。

いずれにしても、文書の発給主体が、藩主から家老にかわったことが、主従関係のあり方に影響を与えたことは確かだろう。このほか重直は、慶安二年（一六四九）に家中から「親類書上」を徴収し、承応二年（一六五三）には、家中の「親類兄弟」が他領奉公することを禁じている（「雑書」）。また同時期に、家中の縁組にも介入しており、家中の「家」とその構成員の把握・統制にも強い関心がむけられていた。

家臣団の流動性

ただし、こうした動きから、ただちに重直期に家中が安定し、家臣の「家」の存続が実現する方向に進んだわけではない。というのは、重直は、寛文元年（一六六一）八月に四十七人を一度に改易に処しており（「奥瀬家日記抜書」）、そのうちの一人の田子上参郷（十八石）は、「奥瀬家日記抜書」同年閏八月九日条に、「田子上参郷御扶持被召上候へ共、八幡御神事役者ニ候間、如何可申付哉之由、笠間三之助・大ケ生長左衛門申上候付、左様役者、其上地方作百姓並之者ニ候は、其侭指置可申（田子上参郷の扶持を召し上げたが、八幡の神事をつかさどる者であるので、いかがしましょうか、と三戸城代が申し上げたので、神事をつかさどる役目を担っていて、そのうえ百姓同様の者であるから、そのままとするように）」とあるように、十分な吟味がなされないままに改易に処され、三戸城代からの訴えにより召し返されているのである。

また記事には、改易に処した者に対し、久慈・閉伊（現岩手県）と鹿角（現秋田県）の三郡内の村に居住するよう制限を加えていることも記されており、蔵入地の拡充と家中の知行地再編を意図した改易だったと推測されるが、かなり強引な手法で改易が断行されていたのである。強引な手法であったために、家臣のリストである身帯帳に重直が目を閉じて墨で線を引き改易する者を決めた、とする「盲点御暇の人数」の逸話が残され、暴君ぶりが語られていくことにもなったのである。

このように重直期においては、家老という職が重視されたように、職制が整えられ、家老・横目・町奉行・勘定頭を主な構成員とする会所寄合での合議にもとづく藩政の展開が目指されるとともに、家中の把握・統制という点では、家中の「家」や構成員にも強い関心がむけられたが、一方で、藩主個人の意向がなお藩政に色濃く反映する段階にもあった。

とくに新規召抱えや相続に関してはそれが顕著にあらわれており、大身家臣上位二十四名をみても、重直によって無嗣断絶や幼少相続により減封となる者も多く、その没収地が一万五千石に及んでおり、大身家臣以外でも、暇を出されたり相続不許可となったりする者も少なからず見られることから、家中はなお流動的で不安定な状態にあった。だからこそ、旧族外様大名の家中でも、牢人が新参家臣として召抱えられる余地があったのである。

では、重直期に召抱えられた牢人は、どのような人物が、どのようにして召抱えられていたのだろうか。牢人が本来あるべき武士身分としての姿を取り戻し、家中のなかで安定して

牢人の仕官と斡旋

「家」を存続させていくためには、再仕官する必要があった。牢人が再仕官先を得るために、全国各地の大名家を訪ね廻ったのでは極めて効率が悪い。そこで彼らは、幕府による召抱えを期待して、また、大名による召抱えを期待して、諸藩の藩邸が置かれた江戸に集住し仕官先を探した。その際に「堪忍記《かんにんき》」(『近世初期文学』)などの各藩の評判をまとめた刊行物が利用された。この時期、こうした情報への需要が増していた。

その「堪忍記」の記事をみると、盛岡藩南部家は「渡り者不望」とある。確かに重直は、正保二年(一六四五)、

旗本町野《まちの》幸和《ゆきかず》から約一年に渡って牢人伴喜左衛門を紹介されていたが、「何方より浪人之義被仰入候も御断（牢人について、どなたから採用の申し入れがあってもお断り）」（「秘記」）と、慎重な姿勢を示している。重直に多方面から牢人の斡旋が持ち掛けられていたこともわかるが、実際には、慎重な姿勢を示しながらも、重直は大量の新参家臣を召抱えており、その多くは全国各地に出自をもつ牢人やその子弟だった。では、「渡り者不望」と評され、重直の牢人召抱えに慎重な姿勢は、どのように考えればよいのだろうか。

根岸茂夫が紹介するように、牢人が召抱えられる際、幕臣層などが肝煎を務めている。その主な肝煎を紹介すると、①小姓組頭・新番頭・大番組頭などの番方の頭は、牢人からの登用も多い与力《よりき》・同心《どうしん》を直接支配しており、②幕府医師、③武芸・軍学・学問の師範は、多様な階層の人々と接触し弟子としていた。そこで彼らは、所縁のある牢人を斡旋していたのである。盛岡藩南部家にもこうした者たちから牢人の斡旋が行われており、断り切れない場合もあったが、重直の場合、斡旋されるままに採用するのではなく、牢人の能力を慎重に吟味し、自ら望む有能な人材を、旗本との関係を利用して召抱えていた。「堪忍記」の評価と重直の姿勢は、こうした点を加味して考える必要があるだろう。

牢人召抱えの実態

旗本の肝煎を介して重直が召抱えていた牢人について、盛岡藩士の系図集である「参考諸家系図」（岩手県立図書館所蔵）の記述をもとに紹介すると、生国伊勢（出雲とも）の藤田多左衛門は、三春藩松下家の家臣で、主家の改易に伴い牢人して江戸にいたところ、安見《やすみ》流鉄炮術に優れていたことから、旗本近藤用成を介して召抱えられ、地方二百石を得て砲術師範などを務め多くの門人を指導した。重直は領内の砲術技術の向上と普及を図る目的から、自ら稽古場に臨み、砲術の腕を見込んだ幕府同心・与力らを、旗本を介して召抱えており、藤田も同様にその腕を見込まれたのだろう。こうした者を召抱える際に重直が頼りにしたのが、番方の旗本たちであった。

また、旗本黒沢定幸《くろさわさだゆき》が斡旋した生国武蔵の山本藤兵衛は、牢人として江戸にいた際、黒沢のもとにおり、旗本諏訪部氏の門人となって馬術を磨き、地方二百石で召抱えられている。盛岡藩の陪臣であった成田兵庫介も、牢人となって江戸にいた際、牢人小野趙無の門人となって徒鞍《すぐら》流馬術を修得し、黒沢を介して召し返され、地方三百石を得ている。ともに江戸で師範を得て馬術を磨いていた。盛岡藩は馬産地として武家社会に良馬を供給することが求められていたから、重直としても、彼らの技能や知識を必要としており、幕府馬方で馴染みの黒沢を介して召抱えていたのである。

さらに、生国上野の小菅次郎兵衛は、牢人として江戸にいたが、能筆であったことから、旗本船越永景《ふなこしながかげ》を介して召抱えられ、地方二百石を得て右筆を務めている。父が金沢藩前田家を辞去して牢人となった堀江助左衛門も、筆《ひつ》道《どう》に通じており、江戸で右筆として召抱えられ、地方二百石を得て門人を指導した。重直はこのほかにも多くの右筆を召抱えているが、文書作成能力を身に付けていた彼らは、藩政の確立に伴い文書による職務の遂行が浸透するなか、その能力を乞われて召抱えられたとみてよいだろう。牢人召抱えに際して公儀右筆が肝煎を務める事例もあることから、小菅や堀江らも江戸で筆道を修得したものと推測される。

牢人召抱えの具体例を紹介してきたが、武功による召抱えもみられるものの、その多くは、江戸に住み学問や技能を修得し、その能力を見込まれて召抱えられている。牢人が再仕官を果たすには、学問や技能を身に付ける必要があったのであり、その環境が整い、かつ、仕官の機会も多い江戸に牢人は集住することになった。召抱える側としては、多様な能力を備えた牢人のなかから、必要に応じて人材を確保することが可能でもあったのである。召抱えられた牢人らは、能力を活かし家職とすることで家中での「家」の存続を図り、また、能力を門人に伝え期待された奉公を果たすことで「家」の存続を認められたのである。

南部家との関係を頼る

もちろん、こうした能力にもとづく召抱えだけではなく、南部家と旧主家との縁戚関係を頼って召抱えられたと考えられる牢人もみられるので紹介しよう。重直に召抱えられた牢人は、旧主家も多様であるが、特徴的なのは、会津藩蒲生家と、寛永四年（一六二七）の蒲生家改易後に会津に入封した加藤家を旧主家とする者が多く、父や兄が仕えていた者も含めると、ともに十二名ずつ確認される。また、加藤家の与力衆としての性格をもつ二本松藩松下家（のちに三春藩に転封）を旧主家とする者も四名確認できる。南部家は、利直の正室を蒲生家から迎えており、加藤家からは重直が正室を迎えていた。松下家は、藩主重綱が重直と同じく加藤嘉明の娘を正室に迎えていたから、南部家と三家は親密な関係にあった。

蒲生家は無嗣により改易となり、加藤家も寛永二十年、藩主明成が領地の返上を幕府に願い出て改易となったが、その翌年には、松下家も改易となって、三家は多くの牢人を出した。重直はその一部を召抱えており、南部家と三家との縁戚関係にもとづく召抱えと考えられるだろう。ただし、召抱えられた者には三家において上級家臣であった者が多く、この場合でも重直は、縁故のみによるのではなく、南部家を頼る三家の牢人から実力を備え即戦力として期待される有望な者を選んで召抱えており、彼らもまた、仕官後に藩政の主要役職に就き、期待に応えていたのである。

ここで蒲生家旧臣同士の関係にも注目しておこう。寛永四年の蒲生忠郷《ただとさ》の改易に際して牢人となり、その後、重直に召抱えられた玉井市左衛門と北川三右衛門は、忠郷の弟蒲生忠知《ただとも》が入封した松山に付き従った儀俄重右衛門と縁戚関係や養子縁組を結んでいる。寛永十一年に忠知が無嗣で改易になると、重右衛門は牢人となったが、弟の儀俄弥五左衛門とともに重直に召抱えられた（「参考諸家系図」）。儀俄家と玉井家との縁戚関係、北川家との養子縁組が、盛岡藩南部家に仕官する前か後かは不明だが、儀俄家と玉井家は蒲生家に仕官していたころからすでに親戚関係にあったから、旧主家を同じくする者同士が、主家の改易後も関係を保ち、さらにはその関係を頼って仕官先を選定し、「家」のつながりをも結んだものと考えられる。牢人が再仕官を果たし、家中で「家」を存続させていくには、求められる能力を備えるとともに、多様な武家同士の繋がりと連携が重要な役割を果たしていたのである。

新参家臣の存立基盤

重直に召抱えられた新参家臣は、どのような待遇を受けていたのだろうか。知行形態をみると、地方知行が百四十名を数え、蔵米支給の五十八名を遥かに上回る。また、禄高は、百石以上、四百石未満の者が多く、蔵米支給の者は、そのほとんどが百石未満だから、新参家臣は地方知行を宛がわれ、百石以上、四百石未満の者が多かった(「参考諸家系図」「雑書」ほか)。なお、重直期の盛岡藩では、百石以上の者に役馬《やくうま》を所持することが課されていた。このように新参家臣は、一代限りを想定した不安定な召抱えではなく、家中の中核を担う存在として期待されていた。

また、就任役職をみても、徳川忠長《ただなが》に仕えていたが主君の死後に牢人となり、旗本を介して召抱えられた美濃部甚右衛門や、武田勝頼《たけだかつより》の死後に本多正純《ほんだまさずみ》に仕えたが本多家も改易となり召抱えられた漆戸勘左衛門は、ともに家老を務めており、就任役職に制限はなかった。さらに、会所寄合の構成員を「雑書」の記事から確認すると、盛岡町奉行は八名中五名、横目二十八名中十五名、勘定頭九名中六名が新参家臣やその子弟であった。このほか江戸で幕府や諸藩との折衝にあたる外交官の江戸留守居役(上屋敷)も八名中五名が新参家臣であり、郡奉行や代官となって地方行政にあたった者も少なくない。

こうした数字からも、重直が藩政において即戦力となる人材を吟味の上で採用していた実態がわかるだろう。重直は、譜代家臣ではなく、新たな支配秩序のなかで即戦力となり得る能力をもった新参家臣を召抱えて登用し、藩主権力の強化を図り、藩政機構の整備に努め、藩政の確立に邁進していたのである。

このように多くの新参家臣を取り込みながら盛岡藩の家中は形成され、牢人たちは家中の一員となって、それぞれの「家」を形成していくが、その「家」の構成員である妻子に着目すると、重直に召抱えられる以前にすでに妻子を得ている者は、江戸や各地から盛岡に連れてきており、盛岡で妻を得て子をもうけた者もいた。

婚姻政策

重直は、こうした新参家臣の妻子を含めた「家」について、譜代家臣の「家」もあわせて把握に努めるとともに、「家」の存続に大きな影響を与える家中の婚姻にも積極的に関与している。正保二年(一六四五)十一月には、家中の妻子についてその有無を確認する「盛岡辺妻子改」の書付を提出させている。承応元年(一六五二)一月には、「御家中・御給人衆子共衆」の「縁辺」を命じるための「男女改」を命じ、翌年十一月にも「縁組」を命じるために「盛岡廻子とも改」を命じて領内各所にも伝達し、盛岡に関しては十日後に「盛岡御給人子共衆男女改」の帳簿を提出させている。そして、明暦二年(一六五六)三月に「御家中御給人百五拾石より上」の者の「縁組」のための改人が派遣されたが、その際、「自然自分ニ縁組仕候もの有之候ハヽ、向後跡式とも被下間敷(もし勝手に藩士同士が縁組を結んだならば、今後は相続を認めない)」と強い姿勢で臨んでおり、三月十九日から二十二日までに、新参・譜代を問わず二十六組の縁組を命じている(「雑書」)。

また「奥瀬家日記抜書」万治二年(一六五九)十一月二十八日条には、

一廿八日、御家中御給人御切米大小不寄、娘之分十より上三十迄改、書付上可申候、隠密仕内々ニて縁組仕者候ハヽ、双方共ニ可為迷惑候、以来縁与仕者候ハヽ、御老中迄窺縁与可仕旨被仰出、

とあり、「知行の種類やその規模の大小にかかわらず、家中の者の娘で、十歳から三十歳までの者を調べて、リストにせよ。娘がいることを申告せずに、勝手に縁組を結ぶものがいれば、両家ともに処罰すべきである。今後は縁組を結ぶ者は家老に問い合わせたうえで縁組を結ぶように命じる」として、引き続き家中の娘の把握に務めるとともに、縁組について家老への伺を義務付けて完全に掌握するに至ったのである。

親類書上

こうした家中の個別の「家」に関する把握は、さらに親類にまで及んでいる。慶安二年(一六四九)には、「家中一統」から「親類書上」を提出させている(「雑書」)。そのうち玉井市左衛門の「親

類書上」の写（「系胤譜考」玉井系譜所収、もりおか歴史文化館所蔵）を例にみると、先に紹介したように、母方の伯父儀俄重左衛門と同弥五左衛門は盛岡藩南部家に仕官していたが、父方の従弟門屋新八は越後村上藩松平家、父方の従子町野八右衛門は前橋藩酒井家、母方の従弟浅井甚右衛門は福岡藩黒田家、同じく杉谷為兵衛は津藩藤堂家、浅井権右衛門は川越藩松平家と、藩を越えて親類関係が存在していた。こうした新参家臣の親類の広がりは、玉井に限ったものではない。

また承応三年（一六五四）には、「従先年被　仰出候通、御家中之者親類兄弟、他領へ奉公仕候儀、堅御法度（以前から命じている通り、家中の者の親類兄弟で、盛岡藩以外に奉公することは厳しく禁じる）」とし、「若親類兄弟他領ニ罷有者候ハヽ、内証ニて呼返置可申候、此旨於相背は、親子兄弟迷惑ニ可被　仰付候、弥自今以後他領へ越候ハヽ、急度可被仰付由（もし親類兄弟が他藩にいる者がいれば、内々に盛岡藩に呼び戻すように。このことに背けば、親子や兄弟に累が及ぶ。今後他領に移れば処罰する）」と領内各所に伝達して、家中の「親類兄弟」の「他領奉公」禁止と、呼び返しをさせてもいる（「雑書」）。実際に呼び返された者は多くはなかったようだが、「親類書上」の成果にもとづく政策とみてよいだろう。

ではなぜ、重直は家中の「家」と縁組、さらに「親類兄弟」の把握と統制に努めていたのだろうか。重直は、「御意ニ入不中（重直が気に入らず）」（「奥瀬家日記抜書」）とみられるように、期待に応えない新参家臣には暇を出していたが、新参家臣の側も、たとえば、牢人から召抱えられた桂七郎兵衛の嫡子源五左衛門は、遺領相続する際、四百石から三百石に減知を申し渡されたことから、「少もかけ申候てハ、御奉公申上候儀不罷成候間、御暇被下度（少しでも知行が減らされたならば、奉公を続けることはできないので、暇を出してほしい）」と、辞去を盾に減知の撤回を迫っていた（「雑書」）。

また実際に、盛岡藩での「家」の存続を断念し、暇を願い出て辞去する新参家臣も少なからずいたのである。先に紹介した家老の美濃部甚右衛門も辞去しており、その後は、「由緒」のある大名水野忠善の世話を得て、上方にいたという（「参考諸家系図」）。このほか、所縁のある旗本などを介して辞去を申し出る者もいたから、武家同士の繋がりと連携は仕官後も維持されていたのである。

重直は、能力のある人材を新参家臣として召抱え、地方知行を与えて、彼らが家中の中核として代々奉公することを期待したが、他領の親類兄弟や所縁のある武家との関係が親密であれば、折角の人材も不満などが生じた際、彼らを頼りに家中を抜け出し流出する恐れもあった。そこで重直は、家中の藩を越えた人的ネットワークを把握した上で、その関係に制限を加えつつ、とくに家中に安定した「家」の存続基盤をもたない新参家臣に対しては、これを築かせる方策のひとつとして、婚姻に介入して親類縁者を家中に拡大させ、家中にとどまらせようとしたのではないか。

辞去する新参家臣

ところで、こうした重直の期待に反し、新参家臣が辞去するにしてもリスクを伴う。辞去する際に「奉公構」を出されて再仕官が叶わなくなる場合、「奉公構」を出されずに辞去しても再仕官先が見つからない場合、そして、「家」の存続に欠かせない妻子との離別を迫られる場合である。

実はこうしたリスクを回避するためにも有効だったのが、武家同士の繋がりと連携であった。たとえば、旗本を介して暇をとる事例が確認されるが、これは奉公構を出されることなく、円満に暇をもらう手段としてとられたものと考えられる。また妻子についても、辞去する際、盛岡藩領民である「御国者」の妻や召使を連れていくことは禁じられていたから、新参家臣の渡辺喜左衛門は、重直とは馴染みの旗本である諏訪部《すわべ》定矩《さだのり》を介して、妻と娘を引き取ることが認められている（「雑書」）。渡辺の妻も「御国者」だったのだろう。

このように旗本の仲介により辞去したり、「御国者」の妻を領外に引き取る許可を得たりする事例もあるように、旗本は仕官する際だけでなく、辞去する際にも重要な役割を果たしていたのである。妻子を残して去ることは忍びないことだろうが、それ以上に、辞去後、再仕官先を探すとともに、妻を得て子をもうけなければ「家」の存続も危ぶまれることから、妻を取り戻す必要があったのである。

ところで渡辺家は、祖父の代に小田原北条氏の滅亡により牢人となった家で、父は牢人のまま一生を過ごし、喜左衛門は小田原に生まれた後、江戸にいたところ重直に召抱えられ（「参考諸家系図」）、地方三百石を得たが、慶安三年（一六五〇）に知行所の百姓七名が、負担が厳しく「目安一通」を城下の目安箱に投函したため、会所寄合で吟味がなされ、知行替えの処分となっている。その後、承応元年（一六五二）三月に暇を出してほしいと申し出て、辞去することになった（「雑書」）。

地方知行を与えられる新参家臣が多かったが、牢人で地方支配を経験していない者が、仕官後、不慣れな土地で支配にあたるのは困難で、盛岡藩南部家の家中での「家」の存続を断念したのだろう。ほかにも新参家臣で地方支配に失敗し、知行所百姓に目安で訴えられ家中を去った事例がみられる。地方知行の支配は、牢人としてのみ過ごしてきた者にとっては、大きな試練ともなっていたのである。

3　重直の死と南部騒動

重直の死と譜代家臣との軋轢

重直は新参家臣を登用して藩政の確立に努めていたが、一方の譜代家臣は、強引な手法も相まって重直の政治に不満を募らせており、寛文四年（一六六四）九月の重直の死を契機に、巻き返しを図ることになる。

新参家臣に対する反感は、江戸時代を通して語られ、後期の編纂になる「内史略」（『岩手史叢』）にも、都下の諸士化にほこり奢侈を好み、衣服刀剣美麗を飾り、巧言令色を宗とし小節を貴ひ、風俗諸国に流れて諸侯争ふて遊芸の士、巧言令色の徒を以て各争ひ奢る、南部は旧家にして皆世臣なるを以て如斯の士を賎んす、武を表として文を裏とし、小節に不拘遊芸に驕り巧言令色する者一人もなし、公思ひらく、吾辺邑の諸士いまた太平の風を知らす、是を以遊芸巧言令色の士数十人を招きて陪従士として交会の席に陪せしめて奢侈を飾り、旧臣を疎み老臣にも列せしむ、

とみえ、新参家臣は江戸の奢侈に溺れた遊芸と巧言令色の武士として描かれ、対する譜代家臣は「武」を貴ぶ累代の「世臣」として描かれる。全国各地に出自をもつ「他国者」の新参家臣が、新たな支配秩序に応じた能力を有して大量に家中に流入したことは、譜代家臣に、自分たちこそが「南部」の「世臣」であるとする「譜代」としての自己認識の形成を促す契機にもなったのである。新参家臣の能力を「遊芸」と批判し、「武」に価値を置く点にも注目したい。

南部騒動の実相

重直は実子と養子を相次いで失ったことから、寛文二年に四代将軍家綱に相続人選定を委ねたが、その決定がなされる前に死去すると、いわゆる南部騒動が発生した。新参家臣は重直が望んだ他家からの相続人を推すなどしたのに対し、譜代家臣は連判状をしたためるなどして一致結束して重直の弟の重信を擁立して対抗し、重信の四代藩主就任に貢献したことが「内史略」をはじめとする諸書に描かれている。

この騒動時の譜代家臣の動向をみると、重信以外の者が相続人に選定された場合には、盛岡に逗留中の公儀御馬買衆を血祭りにあげ、幕府に合戦を挑もうと息巻く姿が描かれ、それは江戸や隣藩にも知れ渡り懸念される事態になったとされているが（「祐清私記」）、御馬買衆は例年どおり接待を受けて盛岡を出立し（「書留」もりおか歴史文化館所蔵）、重直の死後に盛岡藩領の動向を偵察するために送られた弘前藩の隠密は、特段変わった様子がない旨を報告していた（「国日記」弘前市立図書館所蔵）。盛岡藩南部家と「不和」の関係にあった弘前藩津軽家の隠密の情報であり、盛岡藩内に武力衝突が危惧されるような騒動は発生していなかったと考えていいだろう。

このように、南部騒動を描いた後世の記事には不審な点が多く、譜代家臣の忠臣ぶりと勇猛さ、そして重信擁立の功績を強調し、一方で新参家臣を貶めるために、事実を誇張・歪曲した部分が多いといえよう。今日に伝わる南部騒動とは、巻き返しに出た譜代家臣が、自己の正統性と優位さを証明するために、事実を誇張・歪曲しながら語り継いでいった盛岡藩の歴史のひとつ、というのが史実のようである。

そして、幕府の日記である「柳営日次記」（『寛文年録』）の寛文四年十二月六日条には、

> 六日　癸亥晴　　　　南部山城守（重直）
> 右跡式高拾万石之内、八万石隼人（重信）、弐万石弟数馬（直房）、右は、今朝於雅楽頭（酒井忠清）宅、舟越伊与守（永景）并彼家臣毛馬内九左衛門・奥瀬治大夫招キ、老中列座、上意之趣演達之、
> 山城守養子願之儀、年来及言上可仰付処、其内山城守死去、弟両人有之段及御聞、為同性（姓）之間、遺領被分下、

（口語訳）

> 重直の遺領十万石のうち、八万石を隼人重信に、二万石を弟の数馬直房に与える。このことは、今朝、老中酒井忠清の屋敷において、旗本の船越永景と重直の家臣である毛馬内九左衛門・奥瀬治大夫を招き、老中列座のなか将軍の上意として伝えられた。
> 重直の養子の願いについて、重直は数年来申し上げており、選定すべきところ、そのうちに重直が亡くなってしまった。弟が二人いることを将軍家綱が聞き及んで、同姓であることから重直の遺領を分割して与えた。

とあり、重直の弟の重信と直房に対して、老中酒井忠清から将軍家綱の上意が伝えられた。こうして、盛岡藩十万石のうち八万石は重信が相続して盛岡藩南部家を継ぎ、残る二万石は直房に与えられて、新たに八戸藩南部家が創

設されることになったのである。このとき重信は四十八歳、直房は三十七歳であった。

この相続に関しては、重信が二人の姉に送った「御書之趣」が「書留」にみえる。そのなかで、老中酒井忠清が重信に対し、「山城守跡目われらニ八万石、数馬ニ弐万石被下候（重直の遺領を私に八万石、数馬直房に二万石与える）」との上意を伝えたあと、続けて「山城守跡目と不存、しん儀ニ御とりたて被　召仕候と存、随分御奉公可申上候（重直の遺領とは思わずに、新規に取り立てられたと思って、懸命に奉公に励むように）」と勧告したことが記されている。このように忠清が伝えた意図は、相続人の選定は重直の願い出により将軍家綱の意向に委ねられており、誰に決定されるのかわからないなかで、将軍家綱の上意として、弟の重信と直房に無事に相続が認められたのは、幕府の恩情によるものであるから、新規に取り立てられたという謙虚な気持ちをもって奉公に励むように諭すものだったのではないだろうか。

重信と直房に遺領が分知されたのは、重直が望む他家養子を選定して、盛岡藩の家中に反発が広がることを回避したもので、幕藩体制の安定維持が最優先された結果であった。そして、この決定を幕府は、将軍家綱による「御恩」であることを重信に強調し、より一層の「御奉公」を求めることで、幕府と盛岡藩南部家との関係を緊密なものとし、さらに強化しようとしたのである。そこには、幕府のしたたかさとともに、家綱政権が、「武威」を前面に押し出してきたこれまでの政権とは異なり、将軍の「善政」・「御恩」を強調することによって諸大名との主従関係を再確認するといった特徴もあらわれていよう。

譜代家臣の巻き返しにあって、新参家臣の「家」の存続はどのようになったのだろうか。新参家臣のなかでも破格の七百石を宛がわれ、かつて一門譜代が治めてきた花巻城代に在任中だった赤尾又兵衛とその弟伊兵衛が、寛文五年（一六六五）五月、旗本を介して暇をもらい辞去している。

のちに彼らは、南部騒動における新参家臣派の中心人物として描かれ、「赤尾伊兵衛・同又兵衛二人は御暇申乞、江戸へ登る由、去共重信公は名将にて御座しければ、何の御隔もなく上下其悪臣を改不玉御仕置被遊けるこそ難有けれ」（「祐清私記」）とあって「悪臣」とされているように、譜代家臣の新参家臣に対する反感・不満が赤尾兄弟に集まったことが推測されよう。赤尾兄弟は、盛岡藩を辞去した後、寛文十年に土浦藩土屋家に仕官している。辞去する際に旗本が仲介しているように、土屋家への仕官にも武家の繋がりは活用されたであろうし、その召抱えは、要職を務めるなどしたその能力が高く評価された結果だろう。

新参家臣のゆくえ

このように、赤尾兄弟は盛岡藩南部家を去ったが、このほかの新参家臣はそのままとどまって「家」の存続に努めることになった。現実としても、寛文期以降に辞去したところで諸藩で家中の世襲・固定化が進み、赤尾兄弟の例はあるにせよ、再仕官は困難であった。先に紹介した桂七郎兵衛の嫡子源五左衛門は、辞去を盾に交渉を迫りながらも、結局は減知を受け入れている。辞去した者が帰参する事例もみられ、たとえば家老を務めながら辞去した美濃部甚右衛門は、寛文六年（一六六六）に旗本黒沢定幸を介して帰参していた。

先に紹介した「祐清私記」などは、新参家臣が家中にとどまった理由を「名将」重信による新参・譜代融和策の結果として描くが、実態としては、すでに家中の中核として新参家臣が位置付けられており、藩政運営上もはや必要不可欠な存在になっていたことによるものだろう。新参家臣は、盛岡藩南部家にあって自家の安定した存続に努めていくことになったのである。

安定感を増す家中

この結果、重直期の家中が重信期にはどのような変化を遂げたのだろうか。重信期における旗本を介しての新参家臣の召抱えは、延宝年間（一六七三―八一）まではみられるものの、その後は急速に減少する（「参考諸家系図」）。元禄五年（一六九二）の段階でも、「牢人被　仰入方多候（牢人召抱えの斡旋をしてくる方が多い）」（「雑書」）という状態にあったようだが、新規の採用は抑えられ、重信期に、家中の世襲・固定化が進行していった。新参家臣の個別の「家」も、問題なく奉公に励めば、多くの場合、安定して相続が認められている。旧族外様大名は早くに家中を固定化させていたとされるが、盛岡藩南部家の場合は、その中核に重直期に数多く召抱えられた全国各地に出自をもつ新参家臣を取り込んで、世襲・固定化されていったのである。

重直期にはなお流動的で不安定な要因を含んでいた家中だったが、重信期になって安定感を増していく。その変化が、24頁に紹介した図6の藩主発給の八戸直義宛書状にもあらわれている。重直は、八戸氏の臣従化を推し進めるため、敬称は「殿」ではなく崩した「との」とし、書止文言は「猶～可申也」として「謹言」を用いず、差出は署名がなく黒印のみとするなど、節季礼状に極めて薄礼な書札礼を採用していた。しかし、重信は、家臣に発給する節季礼状において、敬称に「殿」と「との」、書止文言に「猶～可申候、謹言」、「猶～可申也」などを使い分けており、さらに差出には官途を記して「大膳＋黒印」とするなど、八戸氏に対しても厚礼な書札礼を用いていた（「御在府留」）。

このことは、主従関係における上下関係を意識して書札礼を用いていた重直の段階を克服し、主従の絶対的な関係を前提に、家中の序列を可視化し、その秩序の安定・維持に努める手段として書札礼を用いる段階に移行したことを示していよう。「大名衆」とも呼ばれた大身家臣らが、重直期に大名家中に包摂された成果を反映するものであった。

家老重視と直訴の否定

また、重直期には、新参家臣を重用しながら藩政の確立が目指されたが、重信期には、新参家臣が排除されることなく、譜代家臣と一体となった家中において、その充実が図られていく。藩主の節季礼状において敬称・書止文言ともに厚礼の書札礼が採用されたのが、現職の家老就任者に対してである。職としての家老の重視がより鮮明化され、藩政の確立した姿がうかがえよう。新参家臣で家老に就任した漆戸勘左衛門は、嫡子が早世していたことから死去後に嫡孫がその跡を継ぎ、二男甚左衛門は別に召出されて家老を務めている。また譜代家臣の北・中野家と婚姻を結ぶなど、家中において「家」の安定した基盤を獲得していた。

さらに、重直期には、藩政の確立を目指して領内支配を進めるにあたり、その妨げとなる代官・肝煎・知行給人による厳しい不当な支配の監視と、その排除を目的として利用されていた直目《じきめ》安《やす》と目安箱だが、重信期の寛文十二年（一六七二）三月に江戸で目安が出された際には、「御代官又ハ御町奉行以成共訴状上候か、御代官・御町奉行取次不成と申候ハ、御横目成共以指上可申（代官または町奉行を通じて訴状を提出するか、代官や町奉行が取り次いでくれないのであれば、横目〈目付のこと〉を通じて訴状を提出すべきである）」との重信の認識が示され、天和二年（一六八二）には「惣て直訴御法度」とされているように（「雑書」）、「百姓の目」による監視を必要としないまでに地方支配を安定させ、諸機構が整い訴訟ルートも確立していった。重直期に整備された職制にもとづく藩政の展開が重信期にみられ、そのなかで新参家臣も個人の能力だけでなく、相続を重ねて「家」として奉公していくことになったのである。

コラム—3

重直による相続人選定

「御家」の存続にとって重要なのは、相続人の存在である。江戸時代、大名には正室のほかに側室もいたから、相続人に困ることはあまりないのではないか、と考えられがちである。しかし、たとえば四代将軍徳川家綱が子に恵まれず、弟の綱吉が将軍になり、その綱吉も子に恵まれず、甥でのちに六代将軍となる家宣《いえのぶ》を養子に迎えている。さらに、その家宣の子で七代将軍家継《いえつぐ》が幼少のうちに亡くなると、御三家の紀伊和歌山藩から吉宗を迎えて八代将軍としていた。このように、将軍家も実子だけで相続し続けることが叶わなかった。そして、大名家も実子だけで「御家」をつないでいくことは極めて困難だったのである。

では盛岡藩はどうであったか。初代信直—二代利直—三代重直と順調に継承されたが、最初の危機は、実子が早世し、迎えた養子もすぐに失った重直のときで、結果、二章で紹介したように、いわゆる南部騒動が発生した。重直の弟重信が四代、重信の子行信が五代を継ぎ、重信・行信は子だくさんで、多くの子女が大名家に嫁いで親類縁者を増やしたが、行信の嫡子実信が相続する前に亡くなったため、実信の弟信恩が六代藩主となった。信恩の子の利視は、まだ母親のお腹のなかにあったときに父信恩が亡くなったため、信恩の弟で叔父の利幹が七代藩主に就任、本来は藩主の座を継ぐはずだった利視は盛岡で生まれ育った。こうした生い立ちが、のちに八代藩主となった利視による藩政に大きな影響を与えることになる。

利幹が亡くなる際、子の利雄がまだ幼少であったことから、利視に藩主の座がめぐってきて八代藩主となり、利視の跡は先代利幹の子利雄（九代）が、利雄の跡は嫡子利謹を廃嫡したことから利視の子利正（十代）が、それぞれ養子となって跡を継いだ。利正の跡は三歳ながら子の利敬が継いでいる。この時代は、信恩系（信恩—利視—利正）と利幹系（利幹—利雄）が交互に藩主に就任しており、かつては理想的な時代、といわれたが、実際には、家老席日記「雑書」をみると、代替わりに際して先代の政治や人事を否定するような動きもみられた。

その後は、十一代利敬に子がなく、御家門で八代利視の曽孫を養子に迎えて利用が十二代藩主になったが、その利用（南部信丞の子）も不慮の事故で亡くなり、将軍への御目見え前であったから、「御家」の存続のため、替え玉の第二の利用（第一の利用の従弟、南部信浄の子）が立てられた。利用も子に恵まれず、十代利雄の廃嫡子利謹の子で、願教寺に出家していた利済が、養子として迎えられ、十三代藩主となる。利済は子だくさんであったから、その跡は二子利義（十四代）・利剛（十五代）兄弟が継ぎ、さらに利剛の子利恭（十六代）が継いで、白石に転封することになる。

このように、実子だけで「御家」を継いでいくことは困難であったが、子に恵まれず盛岡藩南部家の最初の存続の危機を迎えた重直は、相続人をどのように選定していたのだろうか。

重直は、正室に加藤嘉明の娘を迎えたが、のちに離縁している。その正室とのあいだには、長子長松をもうけたようだが、詳しいことはわからない。その後、側室の子で吉松が誕生、相続人として考えられていたが早世した。そこで、重直の弟利長の子久松が養子として迎えられたようだが、その久松も早世する。実子や養子を相次いで失った重直は、老中で三代将軍家光に殉死した堀田正盛の末子内蔵助を養子としている。この内蔵助は勝直と名乗っており、信直―利直―重直―勝直と、実名のうえでも直系を継ぐものとして期待されていたが、すぐに亡くなってしまう。この堀田家から養子を迎えたことについては、弟が利長・重信・直房と三人いるにもかかわらず、他家養子を迎えたとして諸書が批判する。重直が暴君とされる要因のひとつである。

重直が堀田家から養子を迎えた背景には、幕府との関係を深めるため、譜代藩で老中を輩出した堀田家に近づいたもの、との指摘もある。たとえば信濃国飯田藩主脇坂安元《わきさかやすもと》が、弟で旗本の安総《やすふさ》がいるなか、堀田正盛の子安政《やすまさ》を養子に迎えており、安政が藩主になると脇坂家は譜代藩となっているから、重直にそうした思惑があった可能性も指摘できるだろう。

南部家の譜代家臣からは批判の的とされる他家養子であるが、重直なりの盛岡藩南部家の安定した存続を追求した結果だったのかもしれない。ちなみに、内蔵助を養子とする少し前に、重直は櫛引八幡別当普門院の娘とのあいだに権之助直清をもうけたようだが、詳細は不明ながら、直清は普門院に養子に出されたようである。

このあと、「公国史」(もりおか歴史文化館所蔵)や新井白石の自伝『折りたく柴の記』によると、重直は、懇意としていた上総国久留里藩主土屋《つちや》利直《としなお》の屋敷を訪れた際、藩士の子で六歳の白石を利直の庶子と思い違いをして養子にしたいと願い出たが、断られたという。

このように実子を失い、養子も失った重直は、四代将軍家綱に相続人の選定を願い出る。この養子選定の願いについて「祐清私記」などの諸書は、幕府が「無用」として聞き届けなかったとし、そのうち重直が亡くなり、盛岡藩南部家を混乱に陥らせたとする。幕府が聞き入れなかった背景としては、これまで、失政続きの重直の相続問題に幕府が介入し、盛岡藩の力を削ごうとしたもの、との指摘がある。いずれも暴君重直像にもとづく解釈である。

しかし、重直が亡くなるちょうど二年前の寛文二年(一六六二)九月の幕府の日記「柳営日次記」(『寛文年録』)や、盛岡藩の江戸藩邸日記を引用した「書留」、「秘記」の記事によると、重直の願い出をもっともだとした将軍家綱が、養子を選定するから安心するように、と旗本二人を派遣して重直に伝えていたことがわかる。その後、家綱による養子の選定を待ち望み、早く選定するように催促もしていた重直だが、寛文四年九月、江戸で病気を悪化させ重篤となる。その報に接した幕府老中の反応は、次のようなものであった(「古記録雑抄」岩手県立図書館所蔵)。

一殿様御大切之由、御老中様へ被仰上候得は、御老中様ニも御驚被成、成程養生仕候様ニ、御跡式之義ハ兼而御養子御訴詔被成置候間、自然之義有之候共、少も相違有之間敷候間、左様相心得御家中之者共さわき不中様ニと、御念頃ニ被仰渡（以下略）

（口語訳）

重直が危篤であることを、老中に伝えたところ、老中は驚いて、とにかく養生するように、相続のことは、養子のことをすでに将軍に委ねているから、万が一のことがあっても、少しも問題はないので、そのように心得て、家中の者たちは騒ぎ立てないようにと、丁寧におっしゃった。

かつては、自暴自棄になり、藩がつぶれてもよいと相続人を決めなかった、とも描かれてきた重直だが、この記事からも養子選定を将軍家綱に委ねていたことがわかる。このとき選定すべきは重直ではなく将軍家綱であった。しかし選定以前の九月十二日、重直は五十九歳で没するのである。重直の死は、「南部騒動」という南部家の歴史を生み出すことになった。

ちなみに、幕府が重直の相続人について、どのように考えていたのか、それがわかる記事を紹介したい。当時、幕府政治の中心にあった会津藩主保科正之との関係を示す『千《ち》載之《とせの》松《まつ》』の記事である。

万治の初、上杉播磨守（綱勝）病気危篤にて跡目もなき故、井伊掃部頭（直孝）・酒井空印（忠勝）相談あり、御末男新助君事、養子可然旨申せしかとも得心なく、其後寛文四年南部山城守（重直）卒去、実子なく舎弟両人あれとも心に不叶故、上の思召を以て相続仰付られ度旨言ひ置き卒去せしに、其時も新助君可然由沙汰ありしも、公聞召し是よりさき上杉播州跡目なき時分ハ我等娘も彼家の後室として罷在事なれハ、承諾しても不苦程の儀なるか得心せす、増て南部家へハ何の好身もあらされハ、たとへ上意たりとも達て御断申すへき由仰られたり、

つまり、当初幕府は、重直の意向にそって、弟の重信と直房を相続人とせず、正之の五男新助正純を相続人に選定する意向であった。ところが、正之がこれを断ったため実現しなかった。そして、他家養子を迎え入れ

ることが難しくなった結果、幕府は南部家という中世以来の伝統を誇る「旧家」存続のため、重信と直房を相続人に決定することにしたという（「土津霊神言行録」『続々群書類従』）。幕府は反発が予想される他家養子を相続人に選定することを断念し、多くの家臣からの支持が期待される弟の重信と直房を相続人に選定することで、さらなる混乱を避け、幕藩体制の安定維持を図ったといえよう。では、直房への分知はどのように考えたらよいのだろうか。

直房の処遇について幕府は、直房が三十七歳という年齢に達しており十分に奉公可能なこと、そして、再び無嗣という状態になり混乱することを避けるために血縁の保持を図ることなどを考慮した結果、遺領のうち二万石を与えて大名に取り立てることにしたものと考えられる。寛文期までは、「御家」の存続を第一に、分知相続を幕府に願い出る大名も多かった。直房への二万石の分知は、罰則的な減封というよりも、「御家」存続のための処置であったといえるだろう。

三　殉死と剃髪

藩主個人への忠義、「御家」への忠義

1　殉死禁止令と盛岡藩

この章では、江戸城で五代将軍徳川綱吉の儒学の講義を受講するなど、親子ともに好学の藩主として知られる四代藩主南部重信と五代藩主行信の治世について、江戸時代はじめに流行までした殉死と、寛文三年（一六六三）に殉死が禁じられて以降、殉死にかわって行われた剃髪への対応に注目して、「個人」と「家」との関係、そして、「御家」が重視されていく過程をみていきたい。

殉死の禁止は、「個人」と「個人」との属人的な関係を基軸としていた主従関係のあり方を、「家」と「家」との永続的で安定した関係に転換することになったと評価されている。主従関係における「人」から「家」への転換は、どのようにみられたのだろうか。

こうした転換の実態を詳しく検討する前に、まずは重信と行信の紹介をしておこう。

四代藩主南部重信

重信は二代藩主利直の五男、三代藩主重直の弟として、元和二年（一六一六）、閉伊郡花輪村（現岩手県宮古市）に誕生した。母は、利直の側室である花輪氏（慈徳院）である。南部一族で家老を務めた七戸直時の養子となり、家督を継いで隼人重信と名乗った。寛文四年（一六六四）九月に兄の重直が

享年五十九で没すると、同年十二月、幕府の命により、十万石のうち八万石が与えられて四代藩主に就任した。残る二万石は弟の直房に与えられて八戸藩が分離独立して立藩する。このとき、重信は従五位下大膳大夫に叙任した。天和三年（一六八三）、十万石に復するとともに、六十八歳と年長であることから、従四位下に叙された。元禄五年（一六九二）に嫡子行信に家督を譲って隠居し、同十五年に没した。享年八十七、法名は大源院。盛岡の聖寿寺に葬られた。正室を置かず、側室が多くの子女を生み、十三男十一女をもうけた。

図９　南部重信　もりおか歴史文化館所蔵

重信の治世で注目されるのは、寛文武家諸法度で「不孝」を罰する旨が規定されたが、その条項が適応されて改易となった丹後国宮津藩主京極高国が盛岡に配流となり、また、越後騒動で越後国高田藩の家老小《お》栗《ぐり》美作《みまさか》の弟十蔵の子（市之助、十三郎）が盛岡に配流となって、幕府から公儀御預人として預けられていること、幕府の許可を得て北上川を普請し流れを変えて水害を防いだこと、貞享三年（一六八六）に岩鷲山（岩手山）が噴火したこと、などが挙げられよう。重信の藩政期は、いわゆる「南部騒動」で譜代家臣の支持のもと藩主となり、家老を中心に据えた合議制が定着して藩政が安定し、新田開発と検地が進んで領内統治も広く一円に及ぶようになり、第二の藩政の確立期を迎えた。

五代藩主南部行信

行信は四代藩主重信の三男として寛永十九年（一六四二）に盛岡で誕生した。母は、重信の側室である玉山氏（大智院）である。父重信が藩主に就任すると、二兄は早世していたことから嫡子となった。寛文六年（一六六六）に長府藩主毛利広光の娘を正室に迎え、同年には従五位下信濃守に叙任した。

図10　南部行信　もりおか歴史文化館所蔵

元禄五年（一六九二）に父重信が隠居して行信が藩主となり、同十二年には従四位下に叙された。同十五年、父重信が六月に亡くなると、その後を追うように十月に没した。享年六十一、法名は徳雲院。父と同じく聖寿寺に葬られた。行信も子だくさんで、十七男十三女をもうけている。

行信の治世は、藩主就任以来、亡くなるまでの約十年間、連続して不作や凶作、洪水などに見舞われ、盛岡藩の四大飢饉（元禄・宝暦・天明・天保）の最初の元禄飢饉への対応に追われた。また、嫡子実信は、従五位下隼人正に叙任されながらも、元禄十三年、二十五歳の若さで祖父重信、父行信に先立ったのは、南部家にとって痛手であった。実信の法名は泰雲院で、江戸の金地院に葬られた。重信—行信—実信と、実名からも実信は嫡子として期待されていたことがうかがえる。

殉死禁止令

さて、殉死は、亡くなった主人にあの世でも奉公を遂げるために、「追腹《おいばら》」といって従者も腹を切って主人の御供をする行為で、江戸時代のはじめに流行までした。熊本藩主細川忠利には十九人、仙台藩主伊達政宗には十五人もの家臣が殉死している。

殉死は「忠死」とも表現されたように、主人と従者との主従関係の強固さを示すものとして賞賛される一方、新たな主人にとっては、自身への奉公を従者の側から辞退される行為でもあった。新たな主人が引き続き奉公するように説得しても、先代の主人に対する思いから殉死を選択する者もいたのである。主人と従者との「個人」と「個人」との関係は強固であるが、代替わりを迎えると極めて不安定化する関係でもあったのである。

こうしたなか、寛文三年（一六六三）五月二十三日、家綱政権が武家諸法度を発布するのにあわせて、老中酒井忠清が次のように口頭伝達して殉死は禁止されることになった。

殉死は、古より不義無益之事なりといましめ置といへとも、仰出無之故、近年追腹之者余多有之、向後左様之存念可有之ものには、常々其主人より殉死不仕之様堅可申含之、若以来有之ニおゐては、亡主不覚悟越度たるへし、跡目の息も不令抑留儀、不届ニ可被　思召者也、

（『御触書寛保集成』）

（口語訳）

殉死は、古くから不義無益の事であると戒め置いてきたが、禁令が出されていなかったので、近年追い腹（殉死）をするものが多くいる。今後は、殉死をしようという気持ちのある者には、日ごろから主人が殉死をしないように、よくいい含めておきなさい。もし、今後、殉死をする者がいれば、亡くなった主人の油断によるものであって、処罰の対象とする。相続する息子についても、殉死をやめさせることができなかったことは、けしからぬことであると、将軍はお考えである。

これにより、殉死者が出た場合は、亡くなった主人の「越度《おちど》」とされるばかりでなく、後継ぎまでが「不届《ふとどき》」とみなされることになった。

この殉死禁止令については、これまで、幕府政治が武断政治から文治政治に転換したことを示す指標のひとつとして評価されてきたが、近年ではより積極的に評価されている。つまり、主人「個人」と従者「個人」という、属人的な要素が強く、主君の代替わりに際して崩壊してしまうような不安定な主従関係から、主人の「御家」と従者の「家」という、主人の代替わりを経ても従者が新たな主人に引き続き奉公する安定した主従関係への転換を図り、戦国以来の下剋上の風を絶ったものとして、評価されているのである。

盛岡藩南部家では二代利直とその四男利康が死去した際、それぞれ殉死者を出している。では、「人」から「家」へという主従関係の転換は、どのようにみられたのだろうか。

藩主重直の死

寛文四年（一六六四）九月十二日、三代藩主南部重直が江戸で死去した。五十九歳であった。これは、殉死禁止令公布後に盛岡藩が最初に迎える藩主の死であった。

重直には二人の男子があったが早世しており、万治二年（一六五九）には、将軍家光に殉死した老中堀田正盛の子で、佐倉藩主堀田正信の末弟内蔵助勝直を養子として迎え入れたがこれもすぐに失った。そこで重直は、寛文二年九月、幕府に対して嗣子選定を願い出た。これまでは、幕府は重直の失政を理由にこの願い出を認めなかったとされてきたが、実際は、重直が嗣子選定を将軍家綱の意向に委ねることを願い出ると、家綱はこれを承諾したのだった。ところが、その選定が行われる以前に重直が死去したことから、藩内は、無嗣断絶になるのではないかとの流言が飛び交うなど、騒然としていたのである。

山口半九郎の剃髪と子の出家

このような状況のなか、「吉凶諸書留」（もりおか歴史文化館所蔵）九月晦日条には、盛岡藩士山口半九郎（二十五駄五人扶持）の子について、「重直様御遠行に付、御為ニ出家為仕、聖寿寺ニ差置申度由申候付、望之通、今日出家為仕候事、（重直が亡くなったので、菩提を弔うために息子を出家させ、聖寿寺に置いてほしいと申し出たことから、望みのとおりに今日出家させた）」とあり、半九郎が、重直の遺体が安置されている聖寿寺に、自分の九歳になる子を出家させることを願い出て、その許可を得ている。ではなぜ、半九郎は自分の子を重直の「御為」に出家させたのだろうか。「参考諸家系図」所収の「毛馬内系図」からみよう。

半九郎は、盛岡藩士毛馬内《けまない》靫負《ゆげい》に仕えていたが、主家が無嗣断絶した。そこで半九郎は殉死を願ったが、重直に「奇特に思召候得共、此度殉死相止り　御供仕候様（奇特なことだと思うが、このたびは殉死を思いとどまり、奉公するように）」に説得されて殉死をやめた。その後、重直に召し出されて「御近習」を務めた半九郎は、重直の死後、報恩の念から殉死を望んだようだが、幕府が殉死禁止令を出していたことから、それは叶わなかった。そこで半九郎は禄を辞し、剃髪して高野山に入ったという。

この剃髪は、殉死の替わりに出家して重直の菩提を弔うことで、報恩の念を満たそうとしたものだろう。「吉凶諸書留」には、藩が半九郎に対して、来年高野山にのぼり、それから西国三十三か国をめぐるようにと命じて二十両を与えた、とあり、藩から金二十両が支給されている。そして半九郎は、自分の子までも出家させるのだが、それは、自分が剃髪するだけでは十分に重直への報恩の念を満たすことができなかったからだろう。

なお、重直の死に際しては、摂待忠右衛門とその弟左助も聖寿寺において剃髪したと、「参考諸家系図」所収の「摂待系図」にみえる。忠右衛門は剃髪後に蟄居し、左助は十日を経ずに死去したというが異説もあり、彼らの剃髪については、残念ながら詳しい史料がない。

塩川八右衛門の殉死

山口半九郎親子は出家という行為に及んだが、さらに注目されるのは、殉死禁止令公布後にもかかわらず、重直の死の翌日に御局であった女が殉死をしたと伝えられており（『内史略』）、また、重直の死から一年を過ぎた寛文五年（一六六五）十二月十二日には、塩川八右衛門仲為が殉死していることである。御局であった女の殉死については、残念ながら詳しい史料がない。そこで今度は、仲為の殉死について検討していこう。

盛岡藩の家老席日記である「雑書」によると、仲為は江戸で重直に召抱えられた新参家臣で、俸禄は、はじめ七人扶持であったが、その後に知行取りとなり、次第に加増されて四百石に達した。寛文二年には勘定頭となっている。重直が亡くなった後をみると、寛文五年二月二十六日条からは「きりしたん改奉行」、七月十一日条からは「鹿角御境古人奉行」（鹿角＝現秋田県）に就任していることがわかる。重直没後も藩政において活躍が期待されていたのである。

では、なぜ仲為は殉死するに及んだのだろうか。その理由を記した史料の多くは、次のように伝える。重直が狩を行った際、仲為は奉行としてこれに参加していたが、そこで原半三郎と喧嘩になった。喧嘩の結末は、重直の「御片落ちの御裁許」により、一方の仲為には何の咎めもなく済み、もう一方の半三郎は兄弟ともに成敗された。そこで恩を感じた仲為は、報恩のために、重直に殉死の約束をしたという。しかし、この一件にのみ理由があったのではなく、重直に召し出され、のちに栄進したことが、その背景にあったことは間違いないだろう。

仲為は、重直の死後、すぐに殉死するのではなく、一年以上経てから殉死を遂げるが、その理由を「見聞随筆」（『岩手史叢』）は次のように記している。

塩川八右衛門が重直の葬儀のときに殉死をしなかった。そこで人びとは落書でもって八右衛門を批判・嘲笑したり、切る必要がないことから「きらず」との別称をもつ豆腐のおからを八右衛門の屋敷門前にまき散らしたりすなどしたため、耐えかねて切腹したように伝えられているが、私の考えはそうではない。八右衛門が殉死の約束を破ったとは思えない。詳しく述べれば、殉死の約束をした時点では、幕府をはじめ大名諸家でも殉死が行われていたが、寛文三年五月に殉死禁止令が厳しく命じられ、もし違反すれば、主人に咎が及ぶとのことなので、八右衛門は禁止令をしっかり守り、年月を送り、重直の一周忌も過ぎたことから、密かにその志を遂げたのだろう。

仲為は、殉死禁止令が出されるなか、自分の殉死によって藩に迷惑が及ぶことをはばかり、しばらく時間を置いて殉死に及んだ、というのである。また、この記事で注目されるのは、重直の死後、すぐに殉死しなかった仲為を非難する人々がいたことを伝えていることである。「見聞随筆」など、いくつかの編纂物に伝えられていることだが、殉死禁止令公布後もしばらくは、主君から厚恩を得た者は殉死するのが当然であり、また、殉死を賛美すべき行為とする意識が、依然として残されていたことをうかがわせる。

実は、重直と殉死の約束をしていたのは仲為のほかに、生方次郎兵衛と野田金太夫がおり、この三人に対し、新藩主南部重信は説得して殉死を思いとどまらせていた。生方と野田についても、殉死の約束にいたった理由をみてみよう。

殉死をとどまった生方と野田

生方は江戸で召抱えられた新参家臣で、盛岡藩南部家の相撲は、のちに南部相撲といって江戸でも人気を博し、スター力士も輩出するが、その先駆けともなる「御相撲御用」(「参考諸家系図」)を務め、力士候補のスカウトなどにあたっていた。彼は万治元年(一六五八)、罪を犯した力士を預かっていたところ逃亡させる失態を犯し逼塞処分となったが、重直にすぐに許されて、二百五十石が与えられ、以前のとおり奉公することが認められている(「雑書」)。こうした一件で恩義を感じた生方は、殉死の約束をしたと考えられる。

もう一人の野田だが、彼は譜代家臣の家柄であった。九戸一揆の際に南部側についた野田家は大身家臣として続くが、彼の家は九戸側について没落している。しかし、父のときに召出され、金太夫は重直のときに小姓を務め、さらに「通ひ衆」(「雑書」)と、重直に気に入られていた。知行も加増を重ねて四百石にまでなっている。このように重直の恩寵をうけたことが、重直と殉死の約束をした背景にあったのだろう。

重直から恩義をうけて殉死の約束をした生方と野田だったが、重信の説得を受け入れ殉死をとどまった。なお、彼らは高野山に重直の石塔を建てるという特別な任務を与えられていた(「雑書」)。生方と野田に対して、重信は配慮も示していたのである。生方と野田は重信に奉公する道を選んだが、しかし、仲為だけは一年後に殉死を遂げるのである。

殉死への対応

では、この仲為の殉死に対して、藩はどのように対応したのだろうか。「雑書」の寛文五年(一六六五)十二月十二日条をみてみよう。

塩川八右衛門が今朝切腹したことについて、書付一通を横目(目付)の遠山伝左衛門が家老の奥瀬治太夫に提出した。その後、八右衛門がすでに切腹したと、召使いの者が岡本孫左衛門のところまで伝えており、そのことも治太夫に報告した。聖寿寺からも使いの僧が派遣されて伝えられたのは、八右衛門が今朝未明に焼香にやってきて、その後、重直の葬礼場にむかい、そこで「即性院様御供」（＝重直への殉死）をした。八右衛門は曹洞宗の檀家であるが、臨済宗の聖寿寺に葬ってほしい、としたためた八右衛門の書状一通を、召使いの者が聖寿寺に持参した、と。そこで、八右衛門は恩流寺の檀家であるが聖寿寺に埋葬することを認めてほしい、と報告した。そのことを治太夫が藩主重信に伝えたところ、家老の漆戸勘左衛門と相談するようにと命じた。そこで、勘左衛門にことの次第を伝えようとしたところ、勘左衛門は昨晩から食あたりで登城していなかった。そのことを重信に伝えると、八右衛門の殉死は、幕府が禁止していることであるため、私も知らず、家老たちも知らなかったことにして、聖寿寺に葬るのがよいだろうと命じた。そして、遠山伝左衛門に詳しく申し含めて、八右衛門を聖寿寺に葬るように伝えた。

これによると、藩主重信に指示を仰いだ家老奥瀬治太夫は、殉死は「御公儀御法度之儀」であるから藩主も家老も知らなかったこととして内密に処理すること、そして、願い通りに仲為（曹洞宗）を、宗派は異なるが重直が眠る聖寿寺（臨済宗）に葬ることを指示されている。後者の指示は、重直への殉死であることに配慮したものだろう。

殉死者への配慮

仲為は、新藩主重信に奉公するよりも、前藩主重直への報恩の念から殉死を選んだ。だが、殉死禁止令が公布された以上、この一件が幕府に露見すれば、盛岡藩南部家は処分を免れなかっただろう。しかも重信が殉死を思いとどまるように説得したにもかかわらず、それは受け入れられなかった。藩主の意向よりも私情が優先されたのである。このことから藩は、仲為の遺族に対して厳しい態度で臨んだかといえば、決してそうではなかった。

というのは、仲為の殉死から四年を経た寛文九年（一六六九）十二月十七日の「雑書」に、「塩川重太夫、本知無相違被下、今日只今迄御蔵ニ納置候米共ニ被下、内々早く跡目可被下候所、延慮ニ思召候ニ付、只今迄不被申候由被　仰出申渡之、（八右衛門の息子重太夫について、知行を父のときと同様に与える。今日まで蔵に預けていた、本来これまで支給すべき米も与える。内々に早く父八右衛門の跡目の相続を認めるべきところ、幕府に遠慮していたので、これまで相続を認めてこなかったことを伝えた）」とあるように、藩は仲為の子重太夫に対して、本知四百石の相続を認めたばかりか、「今日只今迄御蔵ニ納置候米」までも与えたのである。さらに重太夫には、「内々」に「早く跡目」を継がせたかったが、「延慮」していたという。藩が「延慮」したのは、殉死が「御公儀御法度之儀」であったからだろうが、このように藩は、仲為の殉死を内密に処理する一方、重太夫にも配慮をしながら、相違なく「跡目」の相続を認めたのだった。そこには、仲為の殉死を忠死とする従来の価値観がなおも存在していたことを読み取ることができるだろう。

ちなみに同年には、山口半九郎の長男半之助も願い出が認められて出仕している。父半九郎とともに出家したのは二男で、半之助にはこれまで二人扶持が支給されていたが、重太夫の相続と時を同じくして、半之助の奉公も認めたのだろう。

以上、重直の死去後の動向をみてきた。幕府は、殉死を「不義無益」なものとして禁止したのだが、一方で公布後しばらくは、殉死を忠誠心のあらわれとして賞賛するといった従来の価値観も強く残されていた。山口半九郎は、殉死の意を込めて剃髪して出家した。また、私情を優先した塩川仲為の殉死を藩は容認（黙認）しており、子重太夫にも配慮をみせていた。こうしたことから、この時点での盛岡藩は、藩主の代替わりに際して、前藩主に奉公していた者が引き続き新藩主に奉公するといった安定した主従関係を、十分には構築し切れていなかったといえる。では、この課題をいかに克服していったのだろうか。

2　主従関係の安定化にむけて

隠居重信の死

重直の死から三十八年を経た元禄十五年（一七〇二）、寛文四年に四代藩主に就任し、元禄五年に隠居した重信が死去した。これは、藩主の代替わりではないものの、前藩主の死であり注目される。そこで、この時の動向について「雑書」を中心にみていこう。

元禄十五年六月十八日、病状が悪化していた重信は江戸で死去した。八十七歳であった。重信が死去したとの報が同二十三日に盛岡に伝えられると、「鳴物高声遊山かましき儀」や「猟業之儀」を禁止する旨が出され、葬礼の準備が慌しく進められることになった。そのようなか、重信の遺体が盛岡に到着する前日の七月十一日、側室三人が剃髪した。正室や側室が主人の死後に剃髪することはよく知られているが、注目されるのは、七月五日から同二十三日までのあいだに、十六人もの現役藩士や隠居した藩士が、重信から「御厚恩」を受けたことを理由に剃髪を願い出て、藩から許可を得ていることである。なかでも野田金太夫は、先に紹介したように、重直に殉死するはずだったところを重信に説得されてやめた人物であることは興味深い。

剃髪を願い出る理由

まず、家臣の剃髪がどのような行為であるのかみていくが、その前に、剃髪は正式の僧尼となるときの重要な儀礼であるが、老いて隠居する人が単に僧形になる場合などにも行われており、ほかに落飾・祝髪・薙髪・落髪などと呼ばれていたことを確認しておく。

服藤弘司は殉死禁止令が出された後も、なお藩主のため殉死する者が跡を絶たなかったことを指摘しており、また、殉死とはいえないまでも、これに準ずるものとされる薙髪出家も行われたことを紹介している。殉死禁止令公布以前にも、将軍や大名の死に際して家臣の剃髪はみられるが、殉死が禁止されると、殉死に替わるものとしての剃髪が諸藩で行われるようになったのである。『葉隠』の口述者で佐賀藩士であった山本常朝《やまもとつねとも》が、元禄十三年（一七〇〇）の佐賀藩主鍋島光茂《なべしまみつしげ》の死に際して、殉死禁止令が公布されていたために剃髪し、出家するにとどまった人物であることは有名である。剃髪した者がどれだけ殉死を意識していたかは別としても、亡き主君に恩を受けた、あるいは受けたと感じた者たちは、剃髪してその菩提を弔うという、ほかの者とは異なる特別な奉公をすることに、殉死にも似た心情を託していたのである。なお、盛岡藩の家老八戸氏（＝遠野南部家）の知行地遠野では、殉死禁止令公布後、八戸氏の当主の死に際して、家臣や町人が剃髪を願い出ることが流行り風俗になったと伝えられる（『遠野古事記』）。

それでは、盛岡藩の剃髪はどのようなものだったのだろうか。剃髪した者について、「参考諸家系図」所収の系図で調べると、たとえば三ケ尻弥兵衛のところに、「致仕剃髪シテ浄本ト号ス」とあるように、十人の現役藩士にとって剃髪は、同時に隠居することであった。つまり、十年も前に重信から五代藩主行信に代替わりしているにもかかわらず、重信の死とともに、報恩の念から行信への奉公を絶ち、藩政から身を引いて重信の菩提を弔うのである。そして行信は、彼らの剃髪の願い出を「尤」もなこととして許可を与えてもいた（「雑書」）。主従間の属人的要素は、依然として強く残されていたのである。

勝手に髪を切る

では、剃髪した十六人のうち、すでに隠居していた者を除く十人の家督相続はどうなったのだろうか。「雑書」の元禄十五年（一七〇二）八月二十五日条の「大源院様御法事之節、剃髪仕候諸士家督被仰付覚」をみると、子や孫に相違なく家督相続が認められたことを確認できる。

このように、重信の死に際して剃髪した者は十六人を数えるわけだが、願い出た誰もが剃髪を許されたわけではなかった。「雑書」の元禄十五年八月二十四日条の記事には、種屋善三郎（三駄弐人扶持）について、次のようにある。

御料理の間の御用を務めていたところ、重信が亡くなったので、法体（出家）したいと職場の賄方に申し出たが、「無用」であると申し渡されると、重信の四十九日の法事のときに、夜になって髪を切ったので、申し付けに背き不届きなことをしたので、叱って逼塞処分（謹慎）にしていたところ、去る十八日に聖寿寺にやってきて、出家したいと申し出たので、そう簡単に出家はできるものではないので帰宅するようにといろいろ説得したが納得せず、今も聖寿寺にとどまっていると、住職から賄方に伝えてきた。善三郎の行為は、妻子との縁を切ってのことである。無調法なことではあるけれども、ご慈悲をもって取り計らっていただきたい、と白石与六と葛西市右衛門が申し上げ、藩主行信に報告したところ、「不届者」であるから、これまで与えてきた扶持を取り上げるように、と命じた。このことを、与六が中川原判平に申し渡した。

種屋善三郎が「法躰」、つまり剃髪して出家したい旨を願い出たが、「無用」であるとして許可されなかった。ところが善三郎は、勝手に「髪を切」ってしまうのである。

ここで、種屋氏について「参考諸家系図」所収の「種谷系図」をみると、善三郎の父庄三郎は、生まれが下野国宇都宮で、寛永のころに盛岡にやってきて、部屋住みだった重信の「御用達」を務めた人物で、重信が藩主となると、重信は庄三郎の家に赴いて彼を二駄二人扶持で刀差に召し出している。庄三郎はその後、「御酒蔵御用掛」を経て賄所に勤めており、庄三郎の死後は、善三郎が同じく賄所に勤めている。

善三郎は、種屋氏を取り立てた重信の死に際して「法躰」をしてその菩提を弔うことで、重信の御恩に報いたかったのだろうが、無用とされたために、勝手に髪を切るという行為に出たのだろう。こうした善三郎の行為は不届きとされ、逼塞を命じられたにもかかわらず、今度は聖寿寺に居座ってしまった。この善三郎の行動を行信に報告する際、白石と葛西が同情を寄せている点は注目される。こうした感情は、多くの家臣に共有されたものであっただろう。しかし、そのような願いは聞き届けられなかった。行信は、善三郎を不届者として扶持を召し上げたのでである。

この処罰は厳しいものだった。三代藩主重直の死に際して塩川仲為は私情を優先して殉死を強行したが、遺族が処罰されることはなかった。行信の嫡子実信が元禄十三年十二月二十九日に江戸で死去したが、その際、「雑書」の元禄十四年一月二六日条に、矢羽々久八（五十四歳、金方百石）について、

私は若殿様（実信）が幼少のときから側に仕えて幾重にも恩を被った者ですから、葬礼のときに墓前で斬髪をしました。本来は斬髪する前に願い出て、許可を得てすべきことでしたが、勝手にして恐れ入ります。無調法なことですから、どのようにも処分を下してください。そのうえで、若殿様の墓所の塵払いを命じていただけたなら本望の至りです。

とあるように、久八が勝手に「斬髪」（「系胤譜考」所収の「矢羽々系図」では「慟哭自薙髪廃寝食世人感之」と記す）しているが、彼もまた処罰は受けていないのである。

対応の変化

では、このような対応の変化はどうして起こったのだろうか。先に述べたように、行信の嫡子実信が元禄十三年（一七〇〇）に死去しているが、このとき、「剃髪」を願い出て許可された者（岸半右衛門）、勝手に「斬髪」した者（矢羽々久八）、「法躰」を願い出て許可された者（舟越三郎右衛門）、「落髪」を願い出たが「子とも幼少」であることからこれまでのとおりに奉公するようにと申し渡された者（太田井兵衛・津田左六）、「落髪」を願い出た者（佐藤勘助・設楽六郎左衛門）、墓所の清掃などをしてこれまでの御厚恩に報いたいと願い出たが、若殿様に仕えた者は両人だけではないから、これまでどおり奉公するように伝えられた者（松岡兵太夫・小田代亦助）、元結を払って棺に付き従いたいと願い出ると「前髪」を払って棺に付き従うように指示された者（小姓の松岡頼母・帷子伊織・岡本定之丞・花坂三弥）、尼となった者（乳母の笹井）がいた。

彼らの願い出で注目されるのは、岸・舟越・小姓四人が重信に願い出て許可や指示を得ていることである。また、

「落髪」を願い出た佐藤と設楽について「雑書」の記事をみると、行信は二人が「御隠居様」(重信)が引きとめたならば、奉公を続ける者であるから、「御隠居様御意」に随うのがよいと判断しているのである。実信の葬礼場所を決定する際のことを記した「雑書」の記事では、盛岡にいた行信は、実信の遺骸を盛岡に下すのがよい、と考えていたが、江戸にいた重信は、実信の本望に応えるためにも江戸の金地院で葬礼をするように、との意向を示したので、結局、行信は重信に同意して、金地院で葬礼するようにと決定している。

以上、実信の葬礼に関する「雑書」の記事から、代替わりしたものの重信の意向が依然としてかなりの影響力をもっていたことがうかがわれる。こうしたことから、勝手に「斬髪」した矢羽々久八が罰せられなかったのは、重信の配慮があったとも考えられよう。しかし、重信が亡くなったことで、行信が独自に判断して実行できるようになった。本当の意味での代替わりを迎えたのである。こうした機会に行信は、剃髪を容認しながらも、許可なく剃髪に及ぶことは秩序を乱すものとし、認められない行為として厳しく処罰することを示したものと考えられよう。私情を優先して殉死した塩川仲為とその遺族に対する藩の対応と比較すると、家臣の私情を厳しく統制した点は、安定した主従関係を構築する上で、大きな前進であった。

藩主行信の死

五代藩主行信も、重信と同じ元禄十五年(一七〇二)に死去しているので、今度はこのときの動向について、「雑書」を中心に検討していきたい。

元禄十五年六月、隠居重信が死去したが、今度は行信が十月十一日に盛岡で死去した。重信が隠居して五代藩主に就任、それから十年後のことである。六十一歳であった。行信が死去すると、その日のうちに側室四人が「薙髪」した。また、十月十九日には、現役藩士一二人が剃髪を願い出て、その許可を得ている。十二人の剃髪理由をみると、行信から「御厚恩」を受けたこと、「取立」てられたこと、行信の「御側」で仕えたことがその理由とされていた。そして、佐藤と山崎を除く十人の家督相続については、「雑書」の元禄十六年一月十三日条から、子や

（ご注意）

・この用紙は、機械で処理しますので、金額を記入する際は、枠内にはっきりと記入してください。また、本票を汚したり、折り曲げたりしないでください。

・この用紙は、ゆうちょ銀行又は郵便局の払込機能付きＡＴＭでもご利用いただけます。

・この払込書を、ゆうちょ銀行又は郵便局の渉外員にお預けになるときは、引換えに預り証を必ずお受け取りください。

・ご依頼人様からご提出いただきました払込書に記載されたおところ、おなまえ等は、加入者様に通知されます。

・この受領証は、払込みの証拠となるものですから大切に保管してください。

収入印紙
課税相当額以上
貼　付
印

この用紙で「本郷」年間購読のお申し込みができます。

◆この申込票に必要事項をご記入の上、記載金額を添えて郵便局でお払込み下さい。

◆「本郷」のご送金は、４年分までとさせて頂きます。

※お客様のご都合で解約される場合は、ご返金いたしかねます。ご了承下さい。

この用紙で書籍のご注文ができます。

◆この申込票の通信欄にご注文の書籍をご記入の上、書籍代金（本体価格＋消費税）に荷造送料を加えた金額をお払込み下さい。

◆荷造送料は、ご注文１回の配送につき500円です。

◆キャンセルやご入金が重複した際のご返金は、送料・手数料を差し引かせて頂く場合があります。

◆入金確認まで約７日かかります。ご諒承下さい。

※現金でお支払いの場合、手数料が加算されます。通帳またはキャッシュカードを利用し口座からお支払いの場合、料金に変更はございません。

※領収証は改めてお送りいたしませんので、予めご諒承下さい。

お問い合わせ　〒113-0033・東京都文京区本郷７―２―８
吉川弘文館　営業部
電話03-3813-9151　FAX03-3812-3544

この場所には、何も記載しないでください。

払込取扱票

02 東京

通常払込料金加入者負担

口座記号番号	金額
00100-5-244	千 百 十 万 千 百 十 円 ※

加入者名	料金	備考
株式会社 吉川弘文館		

各票の※印欄は、ご依頼人において記載してください。

ご依頼人・通信欄

フリガナ

※お名前

郵便番号　電話

※ご住所

※

〈この用紙で書籍代金ご入金のお客様へ〉
代金引換便、ネット通販ご購入後のご入金の重複が増えておりますので、ご注意ください。

◆「本郷」購読を希望します

購読開始　　号 より

1年 1000円 (6冊)　3年 2800円 (18冊)
2年 2000円 (12冊)　4年 3600円 (24冊)
(ご希望の購読期間に○印をお付け下さい)

日附印

裏面の注意事項をお読みください。(ゆうちょ銀行)(承認番号東第53889号)

これより下部には何も記入しないでください。

切り取らないでお出しください。

記載事項を訂正した場合は、その箇所に訂正印を押してください。

振替払込請求書兼受領証

口座記号番号	00100-5-244 (通常払込料金加入者負担)
加入者名	株式会社 吉川弘文館
金額	千 百 十 万 千 百 十 円 ※
ご依頼人	おなまえ ※　　様
料金	日附印
備考	

この受領証は、大切に保管してください。

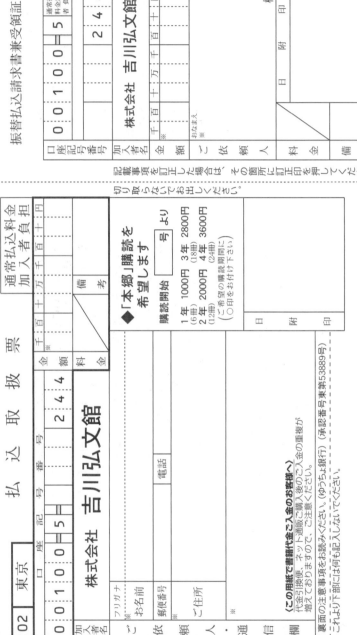

孫に相違なく認められたことがわかる。佐藤と山崎の家督相続については、確認した限り「雑書」にはみられないが、「参考諸家系図」所収の「佐藤系図」と「山崎系図」をみると、それぞれ子に家督相続が認められていることを確認できる。

斬髪に及んだ松田と小田代

このように、十二人は許可を得て剃髪したのだが、松田弥兵衛（二十八歳、二百十八石）と小田代久右衛門（年齢不明、十五駄二人扶持）は、許可を得ることなく「斬髪」という行為に及んでいる。ここでいう「斬髪」とは、元結を払うことだと思われるが、彼らはどのような処遇を受けることになったのだろうか。「雑書」の元禄十五年（一七〇二）十一月十日条の記事から詳しくみていこう。

一松田弥兵衛が昨日、行信様の葬礼が済んだところ、早速聖寿寺で斬髪したことについて、松田に申し渡した趣

松田について、聖寿寺で不意に斬髪した。先代の重信様が亡くなった際、行信様が命じたことは、勝手に斬髪する者がいたならば、処罰を命じる旨、当時、江戸にも伝達していた。このことについては、松田は行信様の底意を詳しく知る者であるから理解しているだろうし、次の藩主である信恩様も先代の行信様の命じられた内容をもっともなこととお思いになり、行信様の死に際して、江戸に出立する前に、隠居の者と老人などは、よく調べたうえで落髪を命じるが、ほかの者については、いまだ家督も相続していないのだから、斬髪であっても申し付けることは無用であると命じておいた。信恩様の命じた内容も松田は承知しているだろう。それなのに役人にもうかがわずに軽率に斬髪したことは、志あってのことながら、信恩様の御意に背くものである。松田は行信様の側近くに仕えてきたのだから、今回は控えるべきところ、軽率な行為をしたものだ。よって対応を江戸の信恩様にうかがうので、信恩様の御意が盛岡に伝えられるまで、聖寿寺への参詣は当然ながら、他出することなくいいなさい。

十一月十日

小田代への申し渡しの趣も、「小身ものたりといふとも堅無用（身分が低い者であっても認めない）」とあるほかは、松田のものとほぼ同文である。松田・小田代に申し渡された内容によると、重信の死に際して行信から、勝手に「斬髪」した者があったならば厳重な態度で臨む方針が示されていたこと、そして、行信の方針をもっともなことであるとした新藩主となる信恩からは、行信の死に際して、隠居の者や「老人」（高齢の者）などは吟味をしたうえで落髪を許可するが、そのほかの者は家督を譲ってもいないのだから、たとえ身分の低い者であっても落髪はもちろん、斬髪も認めない、という方針が示されていたことがわかる。重信の死に際して、勝手に髪を切った種屋善三郎が禄を没収されていることから、すでに行信の方針は確認している。では信恩の方針は、具体的にどのようなかたちで示されたのだろうか。

この信恩の方針に従えば、剃髪した十二人はいずれも現役藩士であったから、吟味のうえ、剃髪するだけの理由が認められた「老人」であったと考えられる。実際に、「系胤譜考《けいいんふこう》」所収の「黒川系図」をみると、年齢がわからない黒川道益のところには「老年」に及び願いにより隠居した旨が記されており、年齢がわかる人物をみても五十三〜七十七歳と高齢者が多い。ただ、この「老人」とする年齢が具体的に規定されていない点に注意しなければならない。つまり、剃髪するだけの十分な理由が認められれば、ある程度の年齢に達している者は剃髪を認められたと考えられるのである。

斬髪に及んだ理由

では、勝手に斬髪するに至った松田と小田代は、行信とどのような関係にあった人物なのだろうか。二人の経歴を「参考諸家系図」所収の「松田系図」と「小田代系図」から確認したい。まず、松田尚次は八歳の時に重信に召し出され、元禄三年（一六九〇）には嫡子行信の「御能御鞠御相手」になっている。行信が藩主に就任すると、知行百石が与えられ、その後次第に加増されて、元禄七年には、高にして二百十八石になった。翌年には、かつて行信が名乗っていた尚信の一字を与えられ、名を尚次としている。次に、小田代恒政はまだ嫡子であった行信に召し出され、二人扶持を与えられて「御能御相手」となった。天和二年（一六八二）には加増を受けて十五駄二人扶持となり、小姓を務めている。

このように、二人は行信と深いつながりをもっていた。そこで行信の死に際して剃髪を願うことは、自然なことであったと思われる。しかし、松田はこの時二十八歳であり、小田代もそれほど離れた年齢ではなかったと推測されるが、二人は信恩の方針を知っていたことから、自分たちが剃髪を許可されることはないと思って、勝手に「斬髪」して弔意を示したと考えられる。

松田と小田代の処遇

こうした松田と小田代の行為が、「雑書」のなかで「心指之義」と記されている点は注目しなければならないだろう。つまり、側に仕えて恩を得た二人が行信の死に際して、信恩の方針に反してまで「斬髪」したことに、共感するところがあったのだろう。しかし、信恩の方針を優先させたものであったから、当然処罰を受けることになった。

十一月十日の時点では、江戸の指示も仰がなければならないことから、暫定的に他出禁止とされている。そこで江戸にのぼった家老が江戸詰家老に対して処遇を尋ねたところ、謹慎しているように、追って江戸から指示する旨が伝えられていた。その後、「雑書」の元禄十六年三月二十一日条をみると、松田弥兵衛と小田代久右衛門にこれまで「延慮」を命じていたところ「御免」とあり、四ヵ月以上の「延慮」が「御免」となっている。

しかし、藩主信恩から全面的に許されたわけではなかった。「雑書」の元禄十六年五月二十五日条によると、松田と小田代は、信恩の入部の際の出迎えが許されていない。また、松田についていえば、「系胤譜考」の「松田系図」に、信恩の治世には「外様御奉公」であったとあるように、冷遇されたことがわかる。

安定した主従関係の構築

以上、行信の死去後の動向をみてきたわけだが、なかでも信恩が示した方針は注目すべきものがある。信恩は、剃髪を許可する人物を、吟味のうえ、剃髪するに十分な理由のある隠居の者と「老人」に限定した。隠居の者とは、新藩主とのあいだで新たに封建的主従関係を結ぶ必要がない者であり、「老人」とは、御恩と奉公の関係にあって、高齢により十分な奉公が適わない者である。こうした信恩の方針によって、盛岡藩は、現役で奉公可能な藩士のほとんどすべてが、藩主の代替わりを経ても自動的に新しい藩主に奉公する体制を構築したのである。

現役藩士は、亡き主君個人に剃髪をして奉公を尽くすことよりも、引き続き大名の「御家」に奉公することが求められるようになった。盛岡藩南部家の家中の主従関係における「人」から「家」へといった武家思想の転換は、このようにして定着していくことになったのである。

ただし、剃髪が全面的に禁じられておらず、勝手に髪を切った種屋善三郎の子は新たに信恩に召し出されていることにも注目したい。主従関係が人間同士の関係である以上、属人的な要素を完全には排除できないし、主従関係を不安定化させない範囲において属人的要素も重んじられていた。そのことは、将軍や藩主の側近が職制に位置付けられ、幕政や藩政において御用人・御側御用人として登場するところにもみてとれよう。盛岡藩南部家でも、主従関係の安定化を図りつつ、元禄期には御用人が職制に位置付けられ、藩政において活躍することになる。「家」重視のなかで、「人」と「家」との関係は調和が図られていたのである。

コラム—4

改易となった藩主の預け先　御家断絶・御家再興

江戸時代には、身分のある武士や僧侶は、罪を犯した場合、投獄されるのではなく、しかるべきところに預けられた。これを「預《あずけ》」といい、預けられた後、赦免されることが予定されておらず、一生預けられることを「永預《えいあずけ》」といった。北奥は遠国の地ということもあり、幕府から多くの者が預けられた。彼らは「公儀御預人」と呼ばれるが、受け入れる藩側にとっては一種の役負担であり、公儀御預人の管理を幕府から任されていたから、その対応に気を遣った。管理に落ち度があれば、今度は反対に、受け入れていた藩側の責任が問われかねないからである。

盛岡藩南部家にも多くの公儀御預人が預けられている。関ケ原合戦で西軍に属して敗れた石川備前守（尾張国犬山城主）、宮部兵部少輔《ひょうぶしょうゆう》（因幡国鳥取城主）、岸田伯耆守《ほうきのかみ》（大和国岸田城主）、松浦安太夫（伊勢国井生城主）の四名をはじめとして、家中騒動で敗者側となり預けられた禅僧の規伯玄方（方長老、柳川一件）や福岡藩家老の栗山大膳利章（黒田騒動）、高田藩の家老小栗美作の弟十蔵（伊豆大島に流刑）の子（越後騒動）、そして、大名であったが改易となり、御家断絶となって預けられた丹後国宮津藩主京極高国、美濃国郡上藩主金森兵部頼錦《よりかね》などが知られる。石川備前守と規伯玄方は赦免されて盛岡を後にしたが、宮部、岸田、松浦、栗山、小栗、京極、金森は、いずれも盛岡の地で亡くなり、宮部と岸田、栗山、小栗の子孫は盛岡藩士として「家」を伝えていった。

盛岡の市民の方には、三代藩主重直に預けられた規伯玄方と栗山大膳がよく知られている。彼らはともに筑前国出身で同郷であったことから、御預先である盛岡でも交流している。大膳が亡くなって石碑が建てられているが、その碑文は玄方がしたためている。玄方は朝鮮にも渡ったことのある外交僧としても知られていたから、藩主重直は城に招いて話を聞くなどしている。盛岡藩の文化の発展にも寄与したことが伝えられ、玄方が

図11　銀白檀塗合子形兜　もりおか歴史文化館所蔵

造ったとされる家老毛馬内三左衛門の屋敷の庭にあった庭石が、盛岡市役所近くに残されている。また、居所であった法泉寺（現盛岡市北山）の庭も、玄方の作によるものとされる。大膳については、黒田官兵衛孝高《よしたか》から拝領した兜があり、現在はもりおか歴史文化館所蔵となっている（図11）。玄方や大膳は貴人として扱われ、「預」といってもかなり自由で、玄方は湯治に出かけたりもしていた。

ここでは、「家」にこだわって、御家断絶となって盛岡藩南部家に預けられた大名である京極高国と金森兵部を紹介しよう。

まず京極高国であるが、コラム2で記したように、四代将軍徳川家綱の寛文武家諸法度に新たに加えられた不孝条文である「不孝之輩於有之者、可処罪科事」に違反したとして、寛文六年（一六六六）、宮津藩七万五千石が召し上げられて改易となり、盛岡に預けられた。父に「不孝」を訴えられ、一類とは「不和・不通」であり、家中や百姓たちを「困窮」に陥れたことが罪状であった（「柳営日次記」『寛文年録』）。

高国は盛岡藩に預けられたまま没し、盛岡に埋葬されたが、その際、高国は遺言として火葬を願っていたが、公儀御預人は罪人として預けられているため、土葬にされることになっていた。高国に従って盛岡にきていた家臣らは、遺言どおり火葬にするよう訴え、藩主重信も気の毒に思い幕府の検使に問い合わせているが、結局、土葬になっている。高国は盛岡の愛宕の法輪院広福寺（明治時代に廃寺）に埋葬された。

なお、京極家は、父に連座して津藩藤堂家に預けられていた嫡子高規が、のちに赦免され、取り立てられて旗本となり、その家柄から幕府高家となった。一度は改易となり、御家断絶となったものの、旗本の「家」として再興し存続することになった。

次に金森兵部についてみていこう。美濃国郡上藩の藩主であった兵部だが、領内仕置のまずさによって一揆を発生させたことに加えて、その背景には幕閣を巻き込んだ不正があり、宝暦八年（一七五八）に改易の処分となって盛岡藩に預けられた。玄方や大膳は比較的自由な行動が認められていたことを紹介したが、公儀御預人について、幕府も罪人らしからぬ扱いを問題視して、扱いを厳しくするように求める法令も出していた。よって、兵部の扱いについて、盛岡藩南部家は細かなことまで幕府に問い合わせている。その実態を紹介しよう。

一、朝夕之料理如何様可仕哉、酒望候ハヽ、出し可申哉之事、

（御附札ニ而）

随分軽ク可被致候、酒給させ候儀無用、

一、たはご望候ハヽ、出し可申哉之事、

無用ニ候、

（中略）

一、何方江之通路為致間敷哉之事、

無用ニ候、

一、髪好候節は結せ可申哉、尤、鋏遣可申哉之事、

鋏遣候儀は無用ニ候、家来ニ髪為結候儀ハ勝手次第たるへく候、

（中略）

一、料紙・硯好候ハヽ、如何可仕哉之事、

無用ニ候、

一、行水好候ハヽ、為致可申哉之事、

望候ハヽ、行水為致可被申候、

（中略）

「御預人金森兵部一件届」（もりおか歴史文化館所蔵）

問い合わせに対し、幕府は付札で回答している。食事は質素にして酒やたばこは無用とされている。交流は制限され、紙や硯の提供も無用とされているから、外部との手紙のやり取りも自由にできなかったのだろう。自殺防止もあって鋏を使わせることをせず、さらに、咽喉を突く恐れのある箸は、これまでどおりに短いものが用いられている。不自由な預の生活のなかで、行水は自由に認められていた。

さて、兵部が病死すると、盛岡藩南部家は検使派遣の有無や、兵部の所持品である刀・脇差・衣類などをどうしたらよいか、幕府に問い合わせている。幕府からは付札でそれぞれ指示があり、前者は検使を派遣する旨、後者は親類に引渡すようにと伝えられていた。

兵部は盛岡の法泉寺にやはり土葬で葬られている。彼の死後、七回忌には、金森家の旧家臣が焼香しにやってきている。そして、兵部の六男が赦免されて旗本に取り立てられ、金森家が再興した際には、改葬のため家臣が盛岡にやってきた。その際、兵部の遺骸は、年数が経っているものの衣服の色が若干退色している程度であったという。改葬後も盛岡に遺された兵部の墓石は、彼の旧領の方角に正面をむけて今も建っている。

四　南部家の結婚と離婚

離婚と再婚、夫との死別を経験した南部幕の一生

1　結婚と離婚をめぐって

江戸時代の結婚と離婚

「家」の存続には、当主の結婚と、その結婚によって子をもうけ、相続人を確保することが重要であった。そして、「家」の存続だけでなく、子女が他家に嫁いだり、婿入りしたり、養子に迎えられることで、親類・縁者を広げ、「家」を安定させることにもつながった。親類・縁者とは日ごろから親しく交際し、何か問題が生じれば、互いに相談して解決を図っていた。

一方で、「家」の存続を不安定なものとし、親類・縁者の「家」との関係を崩壊の危機に直面させるものに離婚がある。江戸時代の女性については、女子教育の教科書に使われた「女大学」にみられるように、舅・姑によく仕え、夫のために身を尽くし、さらに、夫に先立たれれば「貞女は二夫にまみえず」というように、余生は再婚せずに亡き夫の菩提を弔うといった貞淑な女性像が描かれてきた。しかし、実際には、江戸時代の離婚率は高く、再婚も珍しいことではなかった。「女大学」などの描く女性像は、あくまで理想とされた女性像だったのである。明治時代の民法によって、妻からの離婚請求権が制限され、一家団欒が理想となり、家族の愛情が重要視されるなか、離婚に踏み切れない女性が多くなり、離婚率は大きく下降する。

庶民と武士の離婚

江戸時代の庶民の離婚（当時は離縁・離別という）については、夫と別れたい妻が泣く泣く駆け込む縁切寺や、夫から妻に叩き付けられる三くだり半とも呼ばれる離縁状のもつ印象が強く、夫による一方的な離婚や、追い出し離婚と説明されてきた。しかし、こうした理解に疑問が示され、再検討が試みられるなかで、実態としては夫婦（両家）間の協議を伴う「熟談離婚」であったことが明らかにされている。

武士の離婚については、離縁届などの文言に「双方熟談の上離縁」や「親類相談の上離別」などとみえることから、少なくとも形式上は、夫婦および双方親類間の協議にもとづく離婚であり、夫の一方的意思による離婚ではない、との見解が示されていた。さらに研究を進めた高木侃は、武士の離婚について、妻の家は夫の家と同格であるか、あるいは妻の家の方が夫の家の家格よりもやや上である傾向がみられる、との研究成果などをもとにしながら、夫の一方的な離婚は実質的にもなしえなかったとして、形式・実質ともに夫の恣意的な離婚ではなく、「熟談離婚」であった、との見解を示している。

このように、江戸時代の庶民・武士の離婚のあり方が明らかにされてきてはいるが、武士の離婚については、「家」の凶事に類することであり、史料も残りにくく、実態の解明には、今後も事例紹介の積み重ねが必要な状況にある。

南部家の結婚と離婚

ところで南部家の結婚と離婚について、結婚に関する史料は、「家」の吉事であることから多く残されている。三代重直は子に恵まれず、「御家」存続の危機を招き、家中に動揺をもたらしたが、続く四代重信は十三男十一女、五代行信は十七男十三女と子だくさんで、早世した子女も多いが、それでも成長した男子は他家に養子に入り、女子は他家に嫁いで、南部家の親類・縁者を広げることになった。

一方で離婚となると、「家」の凶事であること、件数がそう多くないことから、史料がほとんど残されていない。そうしたなか、盛岡藩の江戸藩邸の執務日記から抜粋した記事を収録したと考えられる「秘記」（岩手県立図書館所蔵）や「書留」、「吉凶諸書留」（もりおか歴史文化館所蔵）には、四代重信の孫娘で、嫡子行信（のちに五代藩主）の娘である幕《まく》の離婚（貞享四年〈一六八七〉）について、詳しく記した記事が収録されていた。そこで本章では、まずは南部家の結婚について紹介したうえで、南部家の離婚事例である幕の離婚と、その後の再婚をとりあげたい。なお、幕の最初の夫は、佐伯藩主の毛利駿河守高久《たかひさ》（豊後国二万石、外様大名）である。毛利家といっても、佐伯藩毛利家は、萩藩毛利家と血縁関係にはない。再婚相手の夫は、陶器藩主の小出玄蕃重興《しげおき》（和泉国一万石、外様大名）である。どちらの夫の家も、盛岡藩十万石にくらべて小藩であり、妻の家の家格の方が夫の家の家格よりも高い、という大名家における結婚の傾向どおりである。

南部家の結婚

図12　鯰尾兜　岩手県立博物館所蔵

幕の離婚を紹介する前に、南部家の結婚についてみていこう。初代信直は家臣泉山氏の娘を後室（慈照院）に迎え、嫡子となる利直をもうけている。信直にはほかに二人の娘がおり、千代子は重臣八戸氏に嫁ぎ、もう一人は養女（重臣北氏の娘）で、出羽国桧山城主安東愛季《ちかすえ》の子実泰に嫁いで桧山御前と呼ばれたが、離縁となった。桧山御前については、南部家は安東家（秋田家）と鹿角郡（現秋田県）をめぐって争っており、政略的な結婚だろう。

二代利直は会津藩主蒲生氏郷の養女於武（源秀院）を正室に迎え、嫡子となる重直をもうけている。利直にはほかに三人の娘がおり、それぞれ重臣の北氏、中野氏、毛馬内氏に嫁いでいる。中野氏に嫁いだ七は、その前に山形藩主最上義俊《よしとし》と婚約していたが、家中騒動が発生して藩内がまとまらず、元和八年（一六二二）に最上家が改易となると、中野氏に嫁ぐことになった。利直の治世には、重臣との関係を強める手段として、娘の結婚が利用されていたことがわかる。

三代重直は、蒲生家が去った会津に入封した加藤嘉明の娘を正室に迎えるも離縁となり、子ももうけたが早世している。重直は子に恵まれず、「御家」存続の危機を招いたが、弟で跡を継いだ四代重信は子だくさんで、同じく弟の直房は二万石を与えられて八戸藩を立藩、新たに八戸藩主家である南部家を創出した。

重信は家臣玉山氏の娘を側室とし、そのあいだに嫡子行信をもうけた。重信の娘で他家に嫁いだのは、式が鳥取藩主池田綱清《つなきよ》の正室、七が山崎藩主本多忠英《ただひで》の継室（離縁）、のちに松崎藩主有馬豊祐《とよすけ》の継室（有馬家改易後に南部家に戻る）となり、慶《けい》が重臣八戸氏、益《えき》は重臣桜庭氏に嫁している。なお、息子の政信《まさのぶ》（正室：平戸藩主松浦鎮信の娘）と勝信《かつのぶ》（正室：八戸藩主南部直政の娘）は旗本に取り立てられ、通信《みちのぶ》は八戸藩主南部直政の養子となり、三代藩主となっている。英信（喜庵）と愛信、英信の養子となった賢信は、父重信も継いだ南部一族の七戸氏を名乗り、定信《さだのぶ》は幕臣坪内家の養子となっている。

五代行信は長府藩主毛利光広の娘を正室に迎え、嫡子実信（早世）をもうけている。娘は幾《いく》が尼崎藩主青山幸督《あおやまよしまさ》正室、鎮《しげ》が田辺藩主牧野《まきの》英成《ひでしげ》正室、志久《しく》が八戸藩主南部直政正室、幕が佐伯藩主毛利高久正室（のち離縁）、のち陶器藩主小出重興継室（小出家改易後に南部家に戻る）、艶《つや》が福岡藩主黒田宣政《のぶまさ》正室となっている。なお、息子は嫡子実信が早世し、信恩が行信の跡を継いで六代藩主となり、利幹は兄信恩の跡を継いで七代藩主となっている。

南部家の拡大

三代重直の死後に弟直房が八戸藩を立藩して大名家の八戸藩南部家が誕生し、その八戸藩は三代藩主として盛岡藩南部家の通信が入った。四代重信、五代行信のときには、旗本の南部家が二家誕生する。このように、大名家の八戸藩南部家、旗本家の麴町南部家と三田南部家が誕生し、南部家が拡大するとともに、多くの子女が大名家の正室・継室として嫁ぎ、旗本家に養子に入り、大名家の娘を正室に迎えて、親類・

表1　中後期の藩主・正室と娘の嫁ぎ先

藩主	正室	娘と嫁ぎ先
六代信恩	長門国長府藩毛利家(外様、三万六千石)	二女政　摂津国高槻藩(譜代、三万六千石)永井直期《なおざね》正室
七代利幹	阿波国富田藩蜂須賀家(外様、五万石)	
八代利視	播磨国姫路藩榊原家(譜代、十五万石)	三女愛　丹後国田辺藩主(譜代、三万五千石)牧野惟成《これしげ》正室
九代利雄	加賀国金沢藩前田家(外様、百二万五千石)	長女満　肥後国高瀬藩主(外様、三万五千石)細川利庸《としつね》継室
十代利正	旗本麹町南部家	長女豊　播磨国明石藩主(親藩、六万石)松平直之と婚約(婚約直後に直之没)、近江国彦根藩主(譜代、三十万石)井伊直中《なおなか》正室 二女幸　上野国高崎藩主(譜代、八万二千石)松平輝延《てるのぶ》継室
十一代利敬	安芸国広島藩浅野家(外様、四十二万六千石)	養女雅　上野国高崎藩主(譜代、八万二千石)松平輝延娘
＊文化五年(一八〇八)二十万石に加増、侍従に任官、国持大名に昇格		
十二代利用	加賀国金沢藩前田家(外様、百二万五千石)縁組直後に利用没	長女豊　近江国彦根藩主(譜代、三十万石)井伊直亮《なおあき》養女
十三代利済	南部利敬養女(上野国高崎藩松平家〔譜代、八万二千石〕娘)	
＊天保十年(一八三九)少将に任官		
十四代利義	南部利用娘(近江国彦根藩主〔譜代、三十万石〕井伊直亮養女)	
十五代利剛	常陸国水戸藩徳川家(御三家、三十五万石)	

縁者についても拡大させていた。重信・行信父子の子だくさんは、南部家の存続と安定に大きく寄与していたのである。

中後期の正室と嫁ぎ先

六代藩主以降については、正室と娘の主な嫁ぎ先を紹介したい（表1）。

この一覧をみてもわかるように、これまで子女が譜代大名家に嫁ぐことはあったが、正室としては八代利視が姫路藩榊原家から迎えている。また、九代利雄以降には、最大の石高を有する金沢藩前田家や譜代大名筆頭の彦根藩井伊家と姻戚関係を結ぶに至っていることは注目される。そして、十五代利剛は正室として御三家水戸斉昭《なりあき》の娘明子を迎えるが、明子は、これまでの歴代藩主の正室のなかで、もっとも高い家格の大名家から迎えた正室であった。それでは、南部家が水戸家から正室を迎え入れることができたのは、どうしてなのだろうか。

2　南部幕の結婚と離婚

南部家の家格と官位の上昇

盛岡藩南部家は、十八世紀後期からみられたロシアの南下によって蝦夷地警衛を担うことになり、十一代利敬のときにはその功績を訴えて家格上昇運動を展開している。その結果、文化元年（一八〇四）、利敬は若くして位階を従五位下から従四位下に進めている。そして同五年には、石高を十万石から二十万石に高直しされ、さらに歴代藩主のなかで初めて侍従に任官して、念願の国持大名の仲間入りをした。十三代利済のときには、将軍家斉《いえなり》（天保八年に隠居して大御所となる）のもとで諸大名が家格を上昇させるなか、天保十年（一八三九）、南部家も初めて利済が少将に任官する。このように十九世紀になって南部家が家格を上昇させたことが、御三家との縁組を可能にしたのである。

幕の結婚にいたるまで

南部家の結婚について概観してきたが、いよいよ本題の幕の結婚と離婚について詳しくみていくことにしよう。そこでまずは、幕の結婚相手である夫高久の実家、佐伯藩毛利家について紹介する。

佐伯藩は、毛利高久から四代前の初代藩主高政《たかまさ》が、慶長六年（一六〇一）四月、豊後国日田から佐伯に移ったことにはじまる。高政の本姓は森であったが、豊臣秀吉の備中攻めに従軍、秀吉と毛利輝元の和解に際して毛利側の人質となり、姓を毛利に改姓した。五代藩主高久は、寛文七年（一六六七）に誕生、実は豊後国森藩三代藩主久留《くる》島通清《しまみちきよ》の四男で、天和二年（一六八二）四月に佐伯藩四代藩主高重《たかしげ》の養子となり、同年六月には高重の死去に伴い十六歳で藩主に就任した。天和三年には従五位下駿河守に叙任している。

一方の幕は、四代藩主重信の孫で、のちに五代藩主となる行信の五女として、寛文十三年（延宝元年〈一六七三〉）一月二日に江戸で誕生した。母は行信の正室で、長門国長府藩三代藩主毛利甲斐守綱元《つなもと》の妹である。

では、高久と幕の結婚に至るまでをみていこう。慶長の武家諸法度の条項に、「私に婚姻を結ぶべからざる事」とあるように、大名同士が勝手に婚姻を結び、親類・縁者を拡大して閥を形成することを恐れた幕府は、この慶長の武家諸法度以来、大名の婚姻を統制し続けた。そのため婚姻の成立には、まず男女両家から幕府に縁組願を差し出して許可を得ることが必要だった。その縁組が許可された後は、結納を取り交わすことによって男女は縁夫・縁女となり、両者のあいだには夫婦関係に準ずべき縁約関係が生じ、さらに婚姻あるいは婚儀と呼ばれる結婚式の挙行によって縁夫・縁女は夫婦となった。

「雑書」の貞享元年（一六八四）十二月十八日条によると、同六日、佐伯毛利家と南部家とのあいだで縁組の内談が調ったことから、佐伯毛利家からは高久の叔父久留島通貞（旗本）をとおして、南部家からは重信の六男政信が肥前国平戸藩主松浦肥前守鎮信の娘と縁組（天和三年七月縁組、貞享三年十一月婚礼）をしていたからであろう、その親族の松浦信正（旗本）をとおして、それぞれ月番老中戸田忠昌《とだただまさ》などに縁組願を申し入れている。その後、「雑書」の貞享元年十二月二十日条をみると、同九日に重信が江戸城に登城すると、高久と幕の縁組が許可されている。同二十一日には幕府への縁組御礼の使者が盛岡を発っている。同二十日の晩には長府藩主毛利綱元から縁組を祝って送られた飛脚が盛岡に到着している。

翌年になって同二年四月二十一日には、佐伯毛利家から南部家に結納の品が送られ、さらに同三年十二月十三日には、高久と幕の婚礼が無事済んだ。この時、高久は二十歳、幕は十四歳であった。同二十八日、幕の父行信が国許の盛岡にいたため、その名代として祖父で藩主の重信が登城して礼を述べ、小袖を献上していた。

このように、高久と幕は、縁組が整って幕府に許可を得、その後、結納を取り交わし、婚礼を執り行って夫婦となるまで、丸二年を必要としていた。

離婚の原因

江戸時代の武士の離婚については、高木侃が、夫の家と妻の実家から各別に主君にあてた、双方熟談のうえ離縁する旨の届けが受理されて離縁は成立した、とする。また、武士同士の結婚では、夫と妻の家格を比べると、一般的には同格か、妻の家の家格の方が上であったこと、そして、礼儀が重視されたことなどから、夫による一方的な離縁はなされずに、形式・実質ともに「熟談離婚」であったと説明している。

では、高久と幕は何が原因で離婚することになったのだろうか。また、どのような人物が離婚の際の「熟談」に加わっており、その「熟談」の中身はどのようなものだったのだろうか。国許の家老席日記である「雑書」の貞享四年五月二十九日条をみると、

一おまく様御事、毛利駿河守様ニ被成御座義被為成間布段、両殿様江被仰、御一門様方御相談之上、五月十九日駿河様より御帰、同晩女中并御道具御引取被成由、昨晩飛脚ニて申来、

（口語訳）

幕様が、夫の高久のところにはいられないと、藩主で祖父の重信と、父の行信におっしゃった。そこで、御一門様方に相談のうえ、五月十九日に佐伯藩の江戸藩邸から実家である盛岡藩の江戸藩邸に帰ってきた。その晩には、幕の女中たち、そして道具類も引き取ったことについて、昨晩江戸からの飛脚によって伝えられた。と記されているが、離婚の原因や、相談の相手である御一門様方が誰であるのか、また、相談ではどのような話し合いがなされたのか、残念ながら知ることはできない。

しかし、江戸藩邸執務日記の記事を抜粋したと考えられる「秘記」の同十六日条と同十九日条をみると、離婚の原因は次のようなものであった。

貞享四年四月二十三日に国許への帰国が認められた藩主重信のもとに、孫の幕が五月十五日の早朝に告別のためにやってきた。すると幕は、「もう高久のところへは帰れません」という。幕は祖父重信と父行信に、高久が世間できついと評される性格のうえに、病気がちで、江戸城への登城もままならず、そのほかの務めもせず、日常生活もひどく乱れているといった有様であり、また、情緒も安定せず、危うい行為もあると述べ、それでも高久が回復することもあるだろうと耐えてきたが、さらに良くないことが重なって、ついに堪えきれなくなったと訴えている。以上が、幕が離婚を決意した理由である。つまり幕は、婚礼から約半年後に、帰国する重信に別れの挨拶をすると称して実家に逃げ帰ってきたのである。

祖父重信と父行信は幕に対していろいろと説得をしたが、幕の気持ちは変わらず、また、重信と行信も、以前から話を聞いていて幕も大変だろうと感じていたので、こうなったからには佐伯毛利家に離婚を申し入れようと、その夜のうちに家老の桜庭十郎右衛門と楢山七左衛門を、婚礼の際に仲人を務めた旗本の毛利重長《しげなが》のもとに遣わし、高久に事情を説明するとともに、解決するように頼んでほしいと伝えた。また、幕に付き従ってきていた高久の家臣らには、幕が久々に実家にやってきたので、まず一両日は盛岡藩の江戸藩邸にとどめることを伝えて、幕をひとまず保護した。この時点での重信は、幕の苦労を知っていたので、離婚も止むなしと考えて家老を重長のもとに遣わしたが、なお説得を試みて離婚回避の道を探ろうともしていた。十六日の晩には、早速高久から迎えの者がやってきたので、重信は幕に説得をしてみたが、ついに幕の気持ちは変わらず、離婚はいよいよ決定的なものとなった。十六日には、幕府老中阿部正武《あべまさたけ》にもことの経緯を申し入れているが、その際、重信自身が面会しては大事のようであるので、幕府や諸藩との折衝にあたる江戸留守居役を遣わしている。なお、この時期の記録類をみると、老中の阿部正武は、盛岡藩南部家が使者を遣わして諸事をうかがい、指図を得る相手であった。そこで重信は、正武にことの経緯をあらかじめ申し入れておいたのであろう。

仲人が提案した離婚の方法

さて、重信に高久（佐伯毛利家）との仲介役を頼まれた毛利重長は、同じく仲人を務めた旗本の神谷源兵衛保教と相談したうえで、このまま離婚となっては、夫高久の面目が立たないので、以前から世間で行われているように、夫の実家である佐伯毛利家の江戸藩邸の門の外まで、妻の実家である南部家側が幕を引き取るために輿を送り、そのうえで輿を盛岡藩の江戸屋敷に返す、ということで解決の方法としたい、そうでなければ仲人が南部家側に肩入れしたようになるので、ぜひこの提案どおりにしてほしいと申し入れてきた。

高久に嫌気がさした幕が、実家に重信の送別だと称して逃げ帰ったまま離婚となっては、夫高久の外聞も悪く面目が立たない。実際には、幕は盛岡藩の下屋敷にいるわけで、佐伯藩の屋敷に輿をやる必要もないのだが、離婚するにしてもせめて、以前から世間で行われているように、実家が婚家の屋敷に迎えをよこして嫁を引き取るという離婚の儀式（作法）を形ばかりでよいから執り行い、世間に対しては幕が実家に逃げ帰ったことを覆い隠して、高久の面目が立つようにしてほしいというのである。

ところで、婚礼のことを輿入れともいうように、嫁となる女子は輿に乗り、実家の者によって婚家の屋敷まで送り届けられる。このことはよく知られたことであるが、離婚のときには先に述べたように、嫁は実家から婚家へ迎えが遣わされて引き取られたようである。

具体例として「雑書」の元禄十六年（一七〇三）九月九日条にある、重信の六男政信（元禄七年から五千石の旗本として幕府に出仕）と松浦鎮信（平戸藩四代藩主、元禄二年致仕）の娘との離婚の記事を紹介しよう。なお、記事にみえる「主計」は南部勝信（重信七男、元禄七年から三千石の旗本として幕府に出仕）、「右近」は南部通信（重信十男、元禄十一年に陸奥国八戸藩主南部直政の養子となる、同十二年に直政の跡を継ぐ）で、ともに政信の弟である。「松浦肥前」は鎮信の四男篤信（元禄九年に兄の五代藩主棟の養嗣子となり、正徳三年〈一七一三〉に六代藩主に就任）である。

一主税様・奥様兼々御不縁ニ付、御離別可被成、主計様・右近様御相談被成相究、去月廿九日之朝、主税様より青木忠右衛門を以、松浦肥前様へ右之段被　仰遣候処、鎮信様より柴田源太左衛門を以、御叮嚀之御口上被仰越、同晩御迎被遣御引取被成候由、

（以下略）

（口語訳）

南部政信と奥様とは、以前から仲がうまくいっておらず、離婚すべく、政信の弟の勝信と通信が相談をして決めた。そして、八月二十九日の朝に、政信から使者の青木を松浦篤信に派遣して、離婚をすることになったことを伝えたところ、義父松浦鎮信から使者の柴田が派遣されて、丁重な言葉が伝えられた。そしてその晩に、松浦家から迎えが送られて奥様を引き取った。

江戸時代の結婚は「家」と「家」との縁組であるといわれるが、とすれば、離婚も個人同士の問題を超えて家同士の問題であることから、高久の面目が立たなければ、すなわち、佐伯毛利家としても面目を失うことになる。先ほど紹介した離婚の方法は、婚礼の際に仲人だった重長と保教が、離婚するにしても円満な形で離婚できるよう、

両家にとって「片落」とならないように配慮したうえで提案したものだったが、そこには、面目を失うまいとする佐伯毛利家の意向が強く反映されていたことは想像に難くない。

このように、個人や家の名誉・体面を守ろうとする武士には、名誉を失わせた相手を討ち留めてこれを回復しようとする武士の姿とともに、個人や家の恥を覆い隠して名誉・体面を守ろうとする武士の姿があったことは興味深い。いずれにしても、当時の武士がいかに周囲の視線（外聞）に気を配り、体面を重んじていたかがうかがわれよう。

御一門様方への相談

重信と行信は、毛利重長らの提案をその通りであると考えたものの、このような解決方法で本当によいものかと不安に思うところがあったようで、「雑書」の記事に御一門様方とある「毛利甲斐守様・本多下野守様・同弾正様・松平伯耆守様・青山播磨守様・松浦肥前守様・稲葉出羽守様」（「秘記」）らに対応を相談した。

では、この相談相手について「寛政重修諸家譜《かんせいちょうしゅうしょかふ》」によって確認しよう（ただし、縁組と婚礼の年は「雑書」などによる）。「毛利甲斐守」とは長府藩主毛利綱元のことで、彼には妹が二人いるが、一人は南部行信の正室（寛文六年〈一六六六〉縁組・婚礼）で幕の母である。もう一人は、幕府老中であった稲葉《いなば》正則《まさのり》（正室は綱元の父光広の妹）の二男で「稲葉出羽守」とある稲葉正倚《まさより》（旗本）の正室に迎えられている。毛利光広の正室で綱元と二人の妹の母は、「本多下野守」とある大和国郡山藩主本多《ほんだ》忠平《ただひら》と「弾正」とある三河国伊保藩主本多忠晴《ただはる》兄弟の姉でもあった。なお、毛利綱元と本多忠平はともに備前国岡山藩主池田光政の娘を正室に迎えている。

次に「松平伯耆守」とは因幡国鳥取藩主池田綱清のことで、南部重信の長女式の嫁ぎ先（寛文九年〈一六六九〉縁組、寛文十年婚礼）であり、「青山播磨守」とは尼崎藩主青山幸督のことで、行信の二女幾の嫁ぎ先であった（延宝六年〈一六七八〉縁組、貞享四年〈一六八七〉婚礼）。

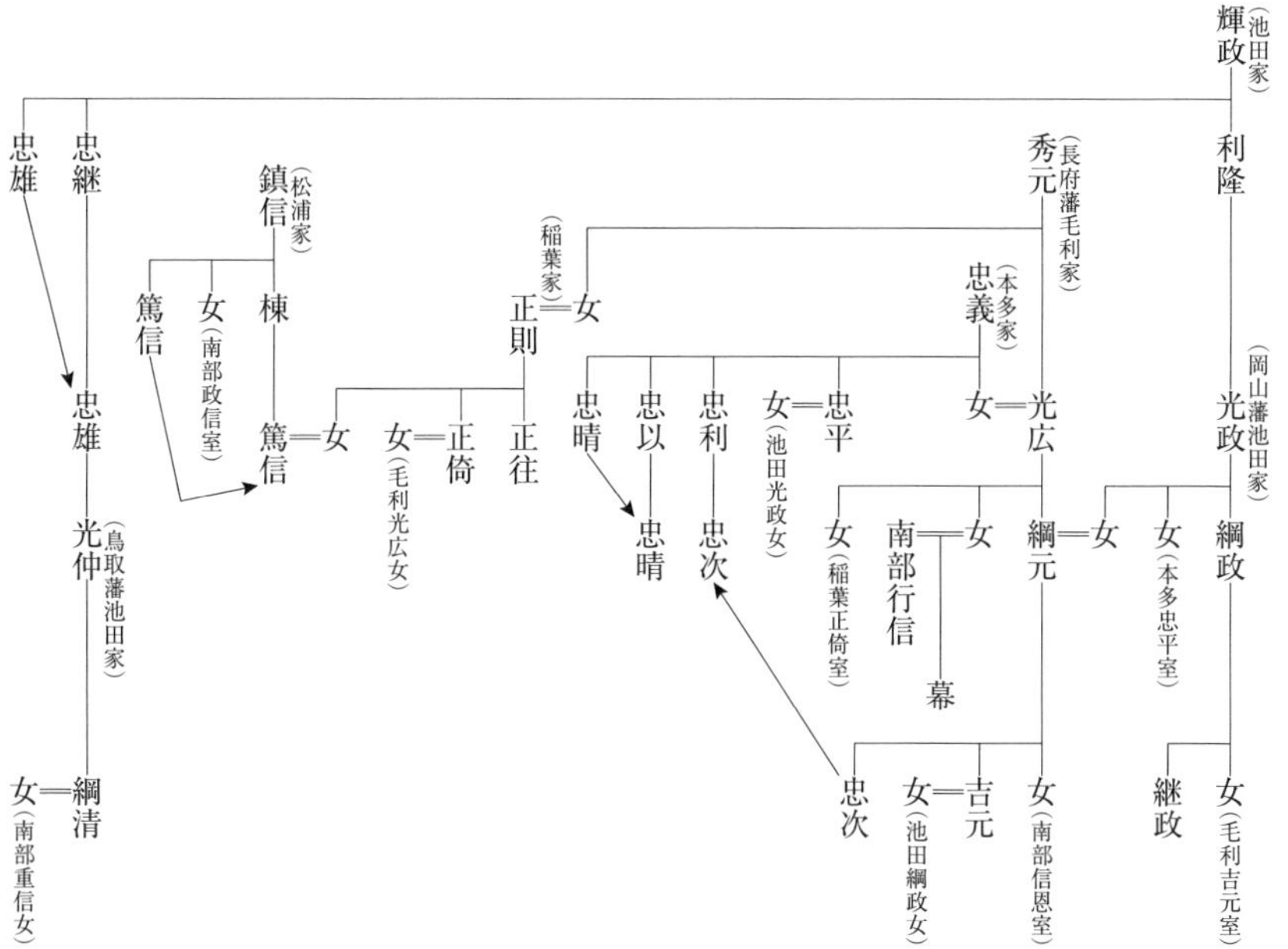

図13　親類・縁者相関図

最後に「松浦肥前守」とは平戸藩主松浦鎮信のことで、その娘は重信の子主税政信に嫁いでおり（天和三年〈一六八三〉縁組、貞享三年婚礼）、鎮信の子の篤信（のちに兄棟の跡を継ぎ藩主に就任）は、稲葉正則の娘（正倚の妹）を正室に迎えている。

これら七人を、幕の父行信との関係でみると、毛利綱元は小舅、本多忠平と本多忠晴は姑の弟、池田綱清は妹の婿、青山幸督は娘婿、松浦鎮信は弟の嫁の父、稲葉正倚は小姑の婿となる。

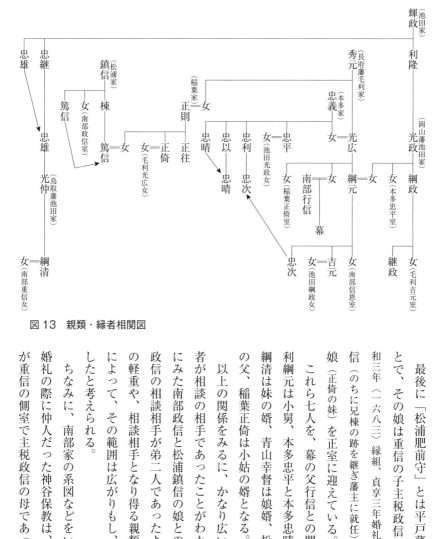

以上の関係をみるに、かなり広い範囲の親類・縁者が相談の相手であったことがわかる。ただし、先にみた南部政信と松浦鎮信の娘との離婚の記事では、政信の相談相手が弟二人であったように、相談内容の軽重や、相談相手となり得る親類・縁者の数などによって、その範囲は広がりもし、また、狭まりもしたと考えられる。

ちなみに、南部家の系図などをいくつかみると、婚礼の際に仲人だった神谷保教は、その姉妹の一人が重信の側室で主税政信の母であったと記されているが、「寛政重修諸家譜」からは確認できない。また、佐伯藩を紹介するときにも述べたように、佐伯藩の毛利家と長府藩の毛利家とのあいだには血縁関係はない。「秘記」の記事に登場する人物のなかではただ一人、毛利重長だけが高久と同姓であった。

相談に対して御一門様方は、提案の内容は世間体を保つためでもあるので、提案どおりにしても批判されることはないだろう、という回答を示した。高久（佐伯毛利家）の世間に対する体面もあり、また、佐伯毛利家との交際上の配慮（礼儀）でもあるから、こうした方法をとっても批判されることはないと判断されたのである。

高久と幕の離婚をみると、「双方対談」といっても、夫婦や両家の親類・縁者が直接対面して協議するのではなく、「片落」とならないよう両家の意向に配慮しながら、婚礼の際に仲人を務めた旗本の毛利重長と神谷保教が、円満解決にむけて解決策を取りまとめていたことがわかる。このように両家のあいだにたって離婚を円満なかたちで収めようと努力した媒酌人（仲人）の役割については、すでに庶民の離婚の場合においても指摘されている。こうした両家間の協議過程において何か問題が発生した際には、広く親類・縁者に相談し、協力を求めて円満解決の道を探ることになったのである。

南部家による御一門様方への相談は、この幕の離婚のときだけでなく、さまざまな問題が発生した際に行われていたと考えられる。もちろん、南部家がこれらの家々の相談に乗ることもあっただろう。「雑書」をみると、婚姻を結んだ家々から飛脚が盛岡に送られては手紙とともにさまざまな贈物が届けられるなどしており、日ごろから親しく交際していたことがわかる。三代重直は子に恵まれず、そのために彼の死後には相続人をめぐって藩内は混乱したが、四代重信は十三男十一女、五代行信は十七男十三女を授かった。もちろん早世した子も多かったが、それでも多くの女子はさまざまな大名家に嫁いでいる。この時期の盛岡藩が、もちろん幕府の統制のもとにおいてではあるが、こうした結婚を通じて、いかに豊かな人間関係を築き、これを活用していたかがわかるだろう。

南部家の対応

ここでは、毛利重長の申し入れに対する南部家の対応について、もう少し考えてみたい。南部家は、いかに高久側に離婚の原因があるからといって、高久の面目を失わせるような礼儀に反した態度をとることはせず、重長に佐伯毛利家との仲介役を依頼し、そして、高久の面目を立ててほしいという重長の申し入れを受け入れている。相手の面目を失わせるような行為は当然非難されるべき行為であっただろうし、殊に武士においては、名誉をなによりも重んじ、名誉が著しく損なわれた時には、武力でもって相手を討ち留めてこれを回復すべきとする武士道的精神に照らし合わせてみても、武士としてあるまじき行為であって、とくに非難される行為であったに違いない。高久（佐伯毛利家）への配慮は同時に、対応如何によってはかえって自家の評判にかかわる問題にもなりかねないことを南部家が憂慮した結果でもあったのだろう。

また、研究によって大名の再婚率の高さが明らかにされているが、まだ若い幕の再婚を考えた場合、夫のもとから逃げ帰ってきた幕に対する外聞が悪くならないために、ことをなるべく穏便に収めておいたほうが得策であったことも、その背景として考えられるのではないか。後述するが、幕は元禄九年に和泉国陶器藩主小出玄蕃重興と婚礼を行い再婚している。

いずれにしても、重長の申し入れを受け入れることは、佐伯毛利家だけではなく、南部家（幕）の外聞を守るうえでも最善の方法であったといえるだろう。

佐伯毛利家の対応

次に、幕（南部家）の離婚要求に対する佐伯毛利家の対応について、もう少し考えてみたい。幕（南部家）の離婚要求に対して佐伯毛利家は、離婚を回避するために必死に幕（南部家）を説得するようなこともなく、離婚すること自体はすんなりと受け入れたようである。それはなぜなのだろうか。

その背景を考えると、第一に離婚の原因が高久にあったことが挙げられるだろう。高久と幕の生活をみてきた佐伯毛利家としては、離婚回避を強く要求することがはばかられたのではないだろうか。

第二としては、大名の通婚において、娘を嫁に出すときは、自家より若干低い家格の家と通婚するという傾向にあるとする研究もあるように、盛岡藩十万石（外様、国持大名ではないがそれに準ずる対応も、柳間〈四位に昇進すると大広間〉、従五位下〈従四位下への昇進も可能〉、藩主重信は従四位下）の南部家と佐伯藩二万石（外様、城主、柳間、従五位下）の毛利家とのあいだには家格に差があり、また、その背後に婚姻によって築かれた厚い人脈をもつ南部家に対し、佐伯毛利家側が遠慮したものとも考えられるだろう。

こうした考えが妥当であれば、高木侃は武士の離婚について、妻の家の方が夫の家の家格よりも同格かやや高いことから、夫の一方的な離婚は実質的にもなしえなかった、としていることからも、夫でなく妻に離婚意思があれば、妻は実家の家格の高さをよりどころとして離婚を要求し、夫側はその家格の高さにはばかって離婚要求を比較的すんなりと受け入れる、という離婚形態がしばしばみられたのではないか。ただし、幕の離婚例からすると、婚家にあってはいかに家格が上の大名から嫁いできても、妻自らが堂々と離婚の意思表示はできず、実家に里帰りと称して逃げ帰るなどし、その庇護のもとにあってはじめて、実家の力を借りて離婚を実現できたのだろう。一方の南部家は、いくら家格が上であり、離婚の原因が高久にあっても、高久（佐伯毛利家側）への配慮は忘れていないのである。

先に挙げた旗本南部政信と大名松浦鎮信の娘との離婚では、南部家の使者が松浦家に離婚する旨を伝えると、松浦家の使者は鎮信からの理解を示す配慮ある言葉を南部家に伝えている。家格に差がありながらも、両家ともに相手を気遣い、諸事情に配慮するなどして、円満なかたちで離婚をするよう努めていた様子がうかがえる。

しかし、いつも円満な形で離婚できたわけではないようである。これまでに大名の離婚事例として研究のなかで紹介されている岡山藩三十一万五千石の藩主池田継政と仙台藩六十二万石の藩主伊達吉村の娘和姫との離婚は、元文二年（一七三七）十月五日、池田家側が旗本二人を伊達家の上屋敷へ派遣し、和姫に対して心遣いのことが多く継政の病気が重くなったことを理由に離縁すること、これをもって伊達家と絶交すること、すでに池田家側からは幕府老中に対して離婚の「御届」を提出済みであることを一方的に伝え、伊達家側を離婚に承服せざるを得ない状況に追い込んで離婚を実現させたものだったことから、両家の仲は四十七年間も絶交状態に陥る結果となっている。

この離婚の場合、石高の高下を家格の高下とみなすならば、池田家の方が伊達家よりも石高が低いから、池田家側が伊達家側に十分な配慮をしてもよさそうであるが、池田家は国持大名で殿席は大広間、藩主継政は従四位下侍従に叙任（のちに少将に昇進）しており、一方の伊達家は国持大名で殿席は大広間、藩主吉村は従四位上中将であった。ともに松平の家号と将軍の偏諱を付与されてもいる。これらを総合して考えると、池田家の家格は伊達家のそれには及ばないものの臆するほどのものではなく、こうしたことから、あるいは池田家の名家意識や伊達家とともに国持の大大名であるという自己意識が相手への配慮を怠らせ、このような絶縁状態を招く結果になったとも考えられるだろう。

いずれにしても、離婚に際して相手に対する配慮を著しく欠いたとき、両家から幕府に提出された離縁届は、単に両家が離婚の事実を認めたことを示すものでしかなく、「双方熟（対）談」のうえでの円満な離婚であったことを示すものではなくなるのである。

大名は江戸城に登城したときなど、何かと顔をあわせる機会もあるから、このように両家の情宜が損なわれるような離婚をしたのでは、しばしば気まずい思いをすることにもなるだろう。この将軍の直臣である大名間の不和は、すなわち将軍がその家臣団内に不和を抱え込むことであり、本来が戦闘集団（軍団）である武士としては回避されなければならない事態であり、この状態が長引きさらに悪化すれば、両家に対する幕府の覚えも悪化することになるだろう。これは大名—藩士間にも共通するところである。

こうしたことから江戸時代の武士の離婚では、両家が了解したうえでの離婚であることを確認するために、主君は双方から離縁届の提出を求めたのだろう。またそれは、単に離婚の事実を両家が認めたことを示すだけでは十分でなく、主君からは、実態としても「双方熟（対）談」のうえでの円満な離婚であることが求められただろうから、両家ともに円満な離婚となるように努めたのであり、そのため離縁届には「双方熟談之上離縁」と記されたし、記されなければならなかったのではないだろうか。

最終的には毛利重長が申し入れた意見が採用され、高久の面目が保たれるかたちで離婚となった。貞享四年（一六八七）五月十九日の晩、実際にはいない幕を引き取るための輿が、佐伯毛利家の屋敷門のそばにやってくるとそのまま引き返し、離婚となった。夜に行われたのは、なるべく目立たないようにしたかったからだろう。また、このときに幕の女中と道具類も残らず引き上げている。妻の道具は衣類や家具などで、結婚のとき持参したものも結婚後に取得したものであっても、それらは妻の所有に属する財産だったから、離婚に際して返還しなければならなかった。

離婚後について

では、毛利高久との離婚後、幕はどのような人生を送ったのであろうか、簡単に紹介しよう。貞享四年に離婚をした幕は、七年後の元禄七年（一六九四）五月二日に陶器藩主小出玄蕃重興と縁組をしている。そして、元禄九年二月二十六日には婚礼が行われた。しかし、重興は同年三月末から病気が悪化、そこで弟の兵部重昌を養子にしようと願い出たが、その許可が得られる前の四月九日に死去してしまった。享年三十四。

「吉凶諸書留」の元禄九年の記事（凶事）によると、こうした事態に重信と行信は相談し、幕については、婚礼から間もなく夫である重興が亡くなったので、すぐに南部家に引き取る、との結論に至ったが、小出家側では重昌を幕の実子同様に考えており、また、重昌は幕を実母よりも大切に思っていることから、奥様である幕をそのまま小出家に置いてほしい、と誓言を立てて願い出たことから、行信も幕をぜひ南部家に帰してほしいとは言いだせなくなり、幕はそのまま残ることになっている。

しかし、重興が死去した約四ヵ月後の八月七日、今度は重昌が死去したことから、幕は実家に引き取られている。重興が死去すると、跡を追うように重昌も死去し、そのために小出家は改易となった。その後の幕は盛岡に帰って暮らし、光源院と称したが、彼女は自分が深く帰依していた盛岡の黄檗宗大慈寺《おうばくしゅうだいじじ》に、夫である重興の位牌を納めている。そして、享保十三年（一七二八）八月十九日、生前から願っていたことだが、死の直前にも大慈寺に葬るように遺言を残して亡くなった。享年五十六であった。

婚礼からわずか二ヵ月にも満たない重興との夫婦期間であったが、死後は、深く帰依し、夫の位牌も納めた大慈寺で、静かに眠ることを願ったのだろう。なお、佐伯毛利家と小出家に侍女として幕に付き従い、小出家改易の後も幕とともに盛岡に下った尾嶋（盛岡藩の医師小寺玄仲顕好の娘）は、幕の死後に尼となり、三人扶持を与えられてその菩提を弔う日々を送り、翌年十一月、六十八歳で亡くなったという。仏門の世界においても夫婦・主従として結ばれていようとする女性の姿があったことを、この二人（幕・尾嶋）から知ることができる。

図14　南部幕の墓　盛岡市大慈寺

次に、高久と幕の離婚後、佐伯毛利家と南部家との関係はどうであったか、簡単に紹介しよう。南部重信の七男主計勝信（元禄七年から三千石の旗本として幕府に出仕、享保十七年没）の子縫殿信尹（土佐中村藩主山内豊明の子）は、男子に恵まれなかったことから、高久の弟で佐伯藩六代藩主に就任した毛利高慶の子内膳信之を聟養子に迎えたいと、本家である盛岡藩南部家の八代藩主利視に相談した。そこで元文四年(一七三九)十一月、信尹は若年寄西尾忠尚《にしおただなお》に願書を提出し、利視は本家であることから添願書を幕府老中本多忠良《ただよし》に提出した。その添願書は次のようなものであるが(「雑書」)、「由緒」もあると記しているのは、高久と幕の婚姻を指すのだろう。

南部縫殿儀、男子無御座、女子一人有之候ニ付、由緒も御座候間、毛利周防守次男森内膳儀、聟養子被　仰付被下候様奉願候段、御用番西尾隠岐守殿江従縫殿申上候、縫殿儀、私末家之事御座候故、於私縫殿同前ニ奉願候、依之申上候、以上、

十一月十六日　　　　　　御名

(口語訳)

南部縫殿信尹については、男子がなく、女子が一人あることから、由緒もあるので、毛利周防守高慶の二男である内膳信之を婿養子に認めていただきたいと、月番老中西尾隠岐守忠尚に信尹から申し上げた。信尹は私(利視)の末家のことですので、私からも信尹同様にお願いいたします。これにより申し上げます。以上。

元文五年(一七四〇)三月十六日、若年寄本多忠統の屋敷に遣わされた信尹の名代小出英通に対して、信之を婿養子に迎えることを許可する旨が伝えられた。高久と幕の離婚が、両家が納得したうえでの離婚であったからこそ実現した養子縁組であったといえよう。

江戸時代の離婚を考える

仙台藩主伊達吉村が「離縁之義ハ世上不珍敷(離婚は世間で珍しいことではない)」(『伊達家文書』)と述べていることからもわかるように、江戸時代の大名の離婚率は高かった。そして吉村が、岡山藩主池田継政と娘和姫との離婚に際して、「夫婦ノ間不縁ニシテ離絶シ、或ハ夫ノ心ニ妻不応シテ離縁タルハ天下一同ノ義ナレハ、是ノミノ義ナラハ継政朝臣ノ意ニ任サルヘキ」(「獅山公治家記録」仙台市博物館所

蔵）と述べており、また、盛岡藩の法令には「前々より妻離縁仕候儀は勝手次第之儀（以前から妻を離縁するのは夫の意向次第である）」（「御家被仰出」もりおか歴史文化館所蔵）とあることから、大名・藩士ともに、離婚においては夫の意思を尊重すべきものとされていたことがわかる。

しかし、だからといって夫が離婚を強行に実現させようとすれば、岡山藩池田家と仙台藩伊達家の事例のように、両家の情宜は大きく損なわれることになったのである。こうした家臣間の不和をその家中に抱え込むことを主君（将軍・大名）は望むはずもなく、そのため主君は両家から「双方熟談」のうえでの離婚である旨を記した離縁届の提出を求めたし、盛岡藩においては「不縁ニて離別いたし候共、媒之輩ニ遂相談、不及諍論様相互可心掛事（縁がなく離婚したとしても、仲人に相談して、争いごとに発展することがないように、相互に心がけること）」（「御家被仰出」）として、実態としても円満な離婚となるよう求めていたのだった。

また、吉村は「私事ヲ以テ　台聴ヲ累ハサル義心外ノ所為」（「獅山公治家記録」）と述べて、自家と池田家との不和が将軍の耳に入り煩わせることをはばかっている。高木侃は「熟談離婚」であった理由に、夫の家が妻の家の家格に遠慮したことや礼儀が重んじられたことを指摘するが、こうした主君と家臣の関係からみても、離婚の多くは、夫の家も妻の家に配慮しながら、円満なかたちで離婚できるよう努めたのではないだろうか。

一方、妻が離婚を要求した場合はどうであったか。夫の離婚意思が尊重された当時において、実家への逃げ込みともいうべき方法でもって妻から離婚を要求されることは、名誉と体面を重んじる武士にとって外聞が悪く、面目が立たない事態であった。佐伯藩主毛利高久と盛岡藩主南部重信の孫幕の離婚において、高久に嫌気がさした幕が逃げ帰ってきた南部家は、岡山藩池田家のように、幕に苦労をかけた高久（佐伯毛利家）に対して強引に離婚を迫るようなことはせず、婚礼の際に仲人を務めた旗本に佐伯毛利家との仲介役を依頼し、また、高久（佐伯毛利家）の面目が立つようにするための仲人からの提案を受け入れて高久の屋敷まで輿を送るなどして、ことを穏便に収めている。

離婚から間もない元禄年間に編纂された『土芥寇讎記《どかいこうしゅうき》』の高久の項には、「妻女ヲバ南部行信ニ被執返、其通ニテ差置、天下之嘲哢、此事ニアリ」とあり、また、「妻室ヲ酔紛ニ箒ヲ以被打タル故ニ、妻女家ヲ出、（中略）妻女ヲ屋敷之内迄輿ヲ舁入、直ニ里へ返、耻ヲ繕ヒタリ。（中略）勇モナク、義モナシ。文武之両道ハ、夢ニモ不知。然ル上ハ、評ニ絶リ」とも記されているから、実際には、高久と幕の離婚の有様が大名のあいだに知られていたようであり、妻に逃げられ離婚になった高久は嘲哢の対象であった。

当時の武士の離婚観がこのようなものであったから、外聞に気を配り、名誉と体面を殊に重んじる武士同士の離婚では、南部家側にも高久（佐伯毛利家）の面目が立つように配慮する必要があったのであり、それが礼儀だったのだろう。南部家が相談した親類・縁者も、高久（佐伯毛利家）への配慮をすべきと回答してもいた。武士の結婚においては、妻の家の家格が夫の家の家格と同格かやや高い傾向にあったとされるが、こうした家格の差を越えて、妻の家は夫の家に十分に配慮しながら離婚を実現させていたのではないだろうか。

以上のことから、江戸時代の武士の離婚の多くは、夫の「家」と妻の「家」が互いに諸事情に配慮し、協力し合って、円満な形で離婚できるよう努めていたと考えられよう。そして、その実現のために、問題が生じた際などに相談相手となる親類・縁者と、両家の意向を「片落」とならないように取りまとめていた仲人が、重要な役割を果たしていたのである。

コラム—5
盛岡藩士の結婚年齢

盛岡藩の家老席日記「雑書」は、寛永二十一年（正保元年、一六四四）から天保十一年（一八四〇）までの百九十冊が残されており、さまざまな記事が収録されていて、盛岡藩の歴史をひもとくうえで欠かせない。この「雑書」については、刊行する事業が進められ、令和四年（二〇二二）三月に第五十巻（『盛岡藩雑書』第一巻から第十五巻は熊谷印刷出版部、『盛岡藩家老席日記雑書』第十六巻から第五十巻は東洋書院）を刊行して、昭和・平成・令和と三つの年号にわたった事業が幕を閉じた。筆者も校閲者として十八世紀中期の宝暦年間の第二十三巻から携わり、最終巻まで担当した。感慨無量である。

なお、「雑書」に続いて明治三年（一八七〇）まで残る「覚書」（もりおか歴史文化館所蔵）についても、刊行する事業が継続されることになった。盛岡藩の日々の記録を活字として、まさに江戸時代を網羅するかたちで通読できる日が近く実現することになりそうであり、盛岡藩の研究が一層進展することが期待される。

「雑書」の刊行事業において、筆者は校閲とともに巻頭に付す目次の作成も担当したことから、すべての記事に目をとおすことになった。もちろん、研究のために、宝暦年間以前の「雑書」の記事にもすべて目をとおしている。このように「雑書」を通読していて、興味深い記事を見つけては記録してきた。本書の執筆にもその記録が大いに役立っている。

江戸時代の大名の離婚について関心を寄せていることから、「雑書」のなかの結婚・離婚に関する記事のほか、女性に関する記事全般にも注目してきた。藩主や藩士家族の女性の動向はもちろんだが、庶民の女性に関する記事も多く収録されており、たとえば、親孝行で褒賞されたり、武家屋敷へ駆け込んで離婚を実現させたりした女性たちのほか、抜参《ぬけまい》りや欠落（性別・人数にかかわらず行方をくらますこと）、密通や心中をする女性など、興味が尽きない。ちなみに、欠落した男性が望郷の念から数年後に帰郷する際の理由に、年老いた母に会いたいから、と記されている記事をみると、父ではなく母なのだなと、妙に納得したりもする。

江戸時代に生きた女性の名前が「雑書」に登場するのは、藩主家族の女性のほかは、男性との関係を示す「母」、「妻」、「娘」などであらわされることがほとんどで、そう多くはない。そうしたなかで、褒賞された女性のほか、「女の身ながら大胆不敵」と表現されるような大罪を犯した女性の名前を知ることができるのは、何とも皮肉なことである。

さて、このように「雑書」に収録された結婚・離婚に関する記事をみていて、「家」の存続にも大きくかかわる興味深い記事をみつけたので紹介したい。それは、文化七年（一八一〇）七月二十三日条にみえる、藩士家族の結婚を許可する年齢に関する記事で、当時の藩主である十一代利敬が、結婚と「家」の存続についてどのように理解していたのかを知ることのできるところが注目される。

一御意書取、

近年男女とも二十前、十五、六歳ニ相成候得ハ婚姻相整候族も多分有之候、嫁娶之儀は血脈相続之もとひニ候間、両親并親類之者共一同安心之為メ差急キ婚礼相整候儀も尤之事ニて、当時世上風義之様ニ相成来候得共、あまり年若之内めあわせ候ては末気血壮カンニも至り不申事故、妊娠ニ相成候ても自ラ出生之子共も多分虚弱ニて成長も健ヤカならす、且親々之者もとかく内虚之症ニて末々多病ニ相成、乍存御奉公も相届兼不勤ニ至り候者もまゝ有之候、右様之次第ニてハ御遣方思召入有之者も身弱ニて御用ニ相立不申、御残念ニ思召、扨又其者之身ニ取候てももとより不本意之事故、親戚一同安心之為メとハ乍申、向後二十チ前へ婚姻相整候儀ハ扣可申候、乍去幼少ニて家督いたし、外血筋之者も無之者ともハ、万々一不治之大病等相煩候てハ先祖より連綿之血筋も絶へ候事故、右等之類は二十チ前へ婚礼相整候共、強て御差留メ不被成候、都て御家中とも平日養生筋厚ク心懸、随分其身健ヤカニて無懈怠御奉公相励ミ候得は　御満足ニ思召候旨、御咄被遊候間、無急度最寄ニ可申通置候、右之趣、御役人共へ申渡之、

（口語訳）

利敬のご意向の書

近年は男女ともに二十歳前、十五、六歳になれば結婚話がまとまる者も多くいる。嫁をとることは、血脈を子々孫々に伝える基本であるから、両親や親類の者たちが安心するために、急いで結婚話をまとめるのももっともなことで、現在は世間で当然のことのようになっているけれども、あまり若いうちに結婚させては、いまだ生命力が十分でないので、妊娠しても生まれた子の多くは虚弱であり、健やかな成長は望めない。また、親たちも病を抱え、後々病気がちになり、奉公が十分にできなくなる者もままみられる。このようでは、見どころがあり登用したいと思うような者でも、体が弱く、御用に立たず、残念なことだと思っている。そして、その者にとっても不本意なことであるから、親戚一同が安心するための結婚話ではあるが、今後は二十歳前に結婚話をまとめることは控えるように。しかしながら幼少で家督を継いだり、ほかに血筋の者がいない者たちは、万が一にも不治の大病を患っては、先祖から続いてきた血筋も絶えてしまうので、このような者たちは二十歳前に結婚話がまとまっても、あえて差し止めるようなことはしない。家中の者たちは、日ごろから養生をとくに心掛け、体が健やかで怠ることなく奉公に励めば満足に思う、ということを藩主利敬がお話しになったので、そのように身近な者に伝えておきなさい。このことを役人たちに申し渡す。

この記事の内容を確認すると、結婚が「家」の存続にとって重要であり、そのため「家」の存続に関する不

安をなくそうとして結婚を早くに済ませようと、男女ともに早婚化が進んでいたことがわかる。一方で、藩主利敬は、そうした不安や焦りに理解を示しながらも、奉公という観点から、心身ともにしっかり成長してから結婚し、女性は出産したほうがよく、とにかく健康を保つことが肝心である、との考えをもっていたこともわかる。

江戸時代はじめの直仕置の段階の藩主を除けば、藩政が確立して機構が充実し、家老らを中心に政治が進められるようになって以降の藩主は、藩政から遊離した存在になるとの指摘もある。しかし、家中の「家」の存続と健康にも気を配る様子からは、藩主という立場が決して気楽なものではないこと、藩政が確立したのちも藩主の考えがしっかりと反映されていたことがわかり、藩政を読み解くなかで、藩主の個性をかいまみることもできるのである。

五　「田舎者」と「笑われ」ても構わない
南部家の歴史を重んじる

1　歴史や由緒を重んじた藩主利視

本章では、十七世紀に進行した江戸重視の傾向が、盛岡藩独自の文化である「国風」を失わせる事態となったが、そのことに強い危機意識を抱いて対策を講じた八代藩主南部利視について注目したい。利視は、その数奇な生い立ちから、南部家の歴史や由緒を重んじ、藩士にも「家」の存続の重要性を説く藩主となった。

利視の生い立ちと藩政を詳しくみていく前に、利視の父である六代藩主信恩、叔父の七代藩主利幹、そして八代藩主利視について紹介しておこう。

六代藩主南部信恩

信恩は五代藩主行信の七男で、延宝六年（一六七八）に江戸で誕生した。母は行信の側室の岩井氏（慈恩院）。元禄十三年（一七〇〇）に兄で嫡子だった実信が亡くなると、翌年には嫡子となり、正室として長府藩毛利綱元の娘を迎え、さらに従五位下備後守に叙任した。同十五年に祖父で隠居していた重信、父で藩主の行信が相次いで亡くなると、十一月に六代藩主に就任した。当時は久信と名乗っていたが、宝永二年（一七〇五）には、幕府に願い出て信恩に改めている。

信恩については、前章で紹介したように、先代行信の死去と自身の藩主襲職にあたって、亡き主君の菩提を弔う

図15　南部信恩　もりおか歴史文化館所蔵

ための藩士による剃髪出家を、「隠居の者」と「老人」に限定する方針を示したことは特筆される。藩主の代替わりを経ても、現役の藩士の多くが盛岡藩南部家という「御家」に引き続き奉公することを定めたものであり、「御家」と主従関係の安定に大きく寄与するものだからである。

さて、信恩の治世のはじめは、父行信と同様に元禄飢饉の対応に追われた。また、儒学を重んじた将軍綱吉のもと、四代重信・五代行信も好学で儒学を信奉したため、藩内にはその影響を受けた一派が形成されたが、彼らが信恩の藩主就任に反対する動きをみせたことから、藩に混乱が生じた。信恩は、家老をはじめとする一派を処罰してこれを収めたが、藩には動揺が広がった。

宝永四年（一七〇七）に盛岡で病状が悪化し、十二月に没した。わずかに約六年の在職期間で、享年三十、法名を霊巌院といい、盛岡の東禅寺に葬られた。

七代藩主南部利幹

利幹は五代藩主行信の十一男で、元禄二年（一六八九）に江戸で誕生した。母は行信の側室の岩間氏（心光院）。三戸を苗字として名乗った。

宝永四年（一七〇七）に兄で藩主の信恩が病状を悪化させると、子がいなかったことから嫡子となり、信恩が亡くなると、翌年閏一月に七代藩主に就任した。この年、幕府から手伝普請（江戸城北ノ丸代官町）を命じられ、約一万両の費用の工面に苦労した。同年十二月には従五位下信濃守に叙任している。宝永七年には正室に富田藩主蜂須賀隆長《たかなが》の養女を迎えている。

図16　南部利幹　もりおか歴史文化館所蔵

利幹の実名の変遷をまとめると、はじめ尚信と名乗っていたが、宝永六年には信応に改めている。養父で兄の先代信恩にあわせて、信を実名の二字のはじめにしたのだろう。ところが、正徳二年（一七一二）には信濃守から大膳亮に改め、同四年には名乗りを利幹とした（「雑書」四月二十九日条）。この実名の利の字については、後で詳しく説明したい。

利幹の治世は、藩財政逼迫への対応に追われた。厳しい倹約令によってやっと好転の兆しがあらわれはじめた享保十年（一七二五）、在職期間約十七年を迎えたところ、盛岡で没した。享年三十七、法名を霊徳院といい、盛岡の聖寿寺に葬られた。

八代藩主南部利視

利視は六代信恩の三男で、宝永五年（一七〇八）に盛岡で誕生した。母は信恩の側室の黒沢氏（浄智院）。利視の誕生時の経緯は、その後の利視の生い立ちと藩政に大きな影響を及ぼすことになる。というのは、父信恩が亡くなった時点で、側室黒沢氏は懐妊していたものの利視は誕生していなかったことから、叔父である利幹が藩主に就任することになったのである。そのため利視は、藩主嫡子としての立場になく、盛岡で成長することになる。利視は当初、吉助と名乗り、正徳六年に実名を信賀とした。

享保十年に利幹が盛岡で病気を悪化させると、利幹の嫡子利雄がまだ二歳と幼少であることから、十八歳で八代藩主に就任することになった。同年七月に林大学頭から信視と名乗を与えられ、同年十二月、従五位下修理大夫に叙任する。翌年、正室に姫路藩主榊原政邦《さかきばらまさくに》の娘を迎えた。

実名を信賀から信視に改めていたが、さらに元文三年（一七三八）、利視へと改名している。延享四年（一七四七）に修理大夫を大膳大夫に改めるとともに、寛延三年（一七五〇）には従四位下に叙された。

利視の治世は、江戸時代の藩主の多くが江戸生まれ、江戸育ちで、国許よりも江戸の文化に親しみを覚えるなか、盛岡生まれ、盛岡育ちで、盛岡藩の文化や慣習のことを指す「国風」を大切にした。また、多くの者が江戸に憧れ、「国風」が失われつつある状況を危惧するとともに、自身の生い立ちも影響して、藩主家である南部家という「御家」の歴史や由緒を重んじるだけでなく、家中・領民にも「家」の歴史や由緒を大切にするように求めた。こうしたところが、まさに利視の藩政の特徴として挙げることができるだろう。領内産物の調査にも力を注いだ。

図17　南部利視　もりおか歴史文化館所蔵

その利視も宝暦二年（一七五二）に盛岡で病を得、三月に亡くなった。享年四十五、法名を天量院といい、聖寿寺に葬られた。利視は多くの子に恵まれ、三男信伝は旗本南部信弥（麴町）の養子となって跡を継ぎ、四男信居（新屋敷）と五男信駕（角屋敷）、七男信周（中屋敷）は三戸を名乗り（＝御家門衆）、十一男利正は九代利雄の跡を継いで十代藩主となる。

沖弥一右衛門の「上書」

さて、利視が藩主に就任したころの盛岡藩の「国風」の様子について、第二章でも紹介した、享保十年（一七二五）かその翌年に、盛岡藩士である沖弥一右衛門が書き記した「上書」から紹介しよう。

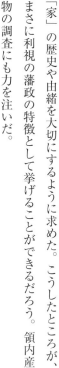

一、人皆古風を不顧当風を好む、西国之物言、東国之もの言と知る、もよからんか、其郷談ニ而用事弁するならハ忍ふ身にあらすハ却て其国之人と聞ゆるもよからん、

（口語訳）

人は皆、古風を顧みずに、現在の流行を好む。西国の人の話し方であるとか、東国の人の話し方であるとか、地域の特色がわかるのはよいことではないか。郷談（方言）でもって用事が済むのであれば、そして、素性を隠す必要がないのであれば、かえってそのお国の人だとわかるのもよいことではないか。

当時、「古風」よりも流行りのものを好む時代にあって、沖が方言に価値を見出していることは注目されよう。逆にいえば、御国言葉である方言も、十八世紀になると避けるような風潮があったといえる。

武士・百姓・町人の風俗の変化

このほか沖は、「上書」のなかで十八世紀前期の「風俗」について、次のように語り、武士の「風俗」の変化を指摘する。

諸士の風俗は、以前と現在とでは異なっている。（中略）泰平の世となり、みな寝床の上で亡くなる身となって、有難いことであることを忘れ、かえって武備を忘れて、風流のことに励み、物事は実態とはかけ離れ理屈で論じられるようになり、業は未熟な有様で、技能ある人物も輩出しない。そして、これは現在の流行りだ、あるいは江戸風、あるいは京風だと華美の限りを尽くし、身にはきらびやかな衣服をまとい、器物もいいものを揃え、それはまるで大名などと変わることがなく、おいしい料理や酒の肴を食べ、武備を備えずにいる。

十七世紀の江戸時代は、戦乱の世から泰平の世に移り変わり、戦闘者として支配者たる地位を獲得した武士も、島原・天草一揆以降、大規模な戦闘がなくなったことで、実際の戦場を知らない武士が多くなっていった。十七世紀中ごろには、中国における明から清への王朝の交代も日本に大きな影響を及ぼすことなく済み、国内外の平和が確固たるものとなっていく。こうしたなかで武士の「風俗」は大きく変化していったことを指摘しているが、それ

は百姓・町人にも及んでいるとして、

百姓・町人も古風を失ってしまい、諸士に交じり、武芸をたしなみ、賭け的・碁・将棋・茶の湯・蹴鞠・連歌・俳諧に熱心になって、家業をおろそかにし、「家」を失う者が多くいる。

と、その「風俗」の変化も指摘する。つまり、武士も百姓・町人においても、従来の「風俗」が変わり、「古風」が失われ、当時の流行である「当風」が好まれているとする。

十七世紀の盛岡藩では、とくに江戸との結びつきが強まり、人・物ともに流入し、結果、大きな変化をもたらすことになった。それは、城下盛岡にとどまらず、周辺の村々にも影響を与えていく。たとえば、十七世紀中ごろに上方でつくられ江戸にも広まった、頭髪を整えるための伽羅油《きゃらのあぶら》は、城下盛岡では高価であったから代用品が販売されたが、重臣八戸氏の知行地である遠野（現岩手県遠野市）では、それを「聞習見習」して使われ、さらに元禄年間になり改良品が販売されるようになると、盛岡から買い求めて、伽羅油を使う「風俗」が次第に広まっていったという（『遠野古事記』）。「当風」の「京流」や「江戸風」は、こうして城下盛岡を経由して領内の村々へも広まっていったのである。

「国風」の危機

こうした一方で、「古風」が失われることが危惧されてもいた。沖は、家業を忘れて「家」を潰してしまう者も多くいるとして、そこに江戸時代の根幹をなす身分秩序の危機を感じとっていた。また、先に紹介したように、「郷談」（方言）がその国の人とわかってよいものだ、と述べて、御国言葉に価値を見出している点も注目される。

沖の「上書」を分析した浪川健治は、この記述部分について、御国言葉が表徴し標識化するあるべき身分秩序としての「古風」と、その対極として、奢侈・退廃の象徴としての「当世」が設定されており、その「当世」の「風俗」は、武士だけでなく、被治者にも及ぶ身分秩序崩壊の危機を示すものであると指摘している。そこで以降は、盛岡藩における「古風」の危機と、それへの八代利視の対応に着目してみていくことにしよう。

江戸者に「笑われ」ても取り繕うな

次に紹介する「雑書」寛保元年（一七四一）一月十三日条の記事は、八代利視の「思召」を伝えるものである。「江戸」や「他国」の言葉や風儀がもてはやされる一方、「御国之言葉」や「御国之風儀」（「国風」）が軽んじられ、失われつつあることへの強い危機感を表明したもので、「古風」を失わないように求めている。

近年段々御在所風儀取失候様ニ相成候と　思召候、此通段々つのり申候てハ此末猶又不宜、御奉公之筋共ニ実儀を取失候様相成可申と　思召、此所御気毒被　召置候間、右之趣、御家中下々ニ至迄、銘々得心仕候様ニ被遊度ものと　思召候、惣て御在所者、御国風を取失、他国之言葉・風儀共ニ相学候様被　召置候、折々江戸へ罷登候ものハ江戸言葉・風俗共ニ相学申候、縦御在所ニて油めと申肴ハあいなめと申、か丶べと申ハ此方ニてうと申様ニ言学、御国言葉を取失申候、（中略）たま〳〵江戸へ罷登候ものも御在所へ罷下候得ハ、御国之言葉・風儀共ニ笑申様ニ相心得申候、江戸ニて御国言葉・風俗共ニ江戸者笑候共取繕不申、わらわれ申事不苦儀と　思召候、江戸ハ　将軍之御下之儀候得ハ万事結構成儀ニ候得共、御国之儀は御国風を相守、取失不申様ニ致候儀宜　思召候、（中略）能事ハ他所之儀ニても学申筈之様ニ被　召置候、

（口語訳）

近年は段々に盛岡の風儀が失われていると思っている。この事態が進めば、今後はさらによくないことになり、奉公のあり方についても、本来あるべき姿を失ってしまうのではないかと思っている。私（利視）はこのことをひどく心配しているので、家中の末端の者たちまで、それぞれよく理解させたいものだと思っている。領内の者たちは国風を失い、他国の言葉や風儀などを学んで取り入れているようだ。時折、江戸に行った者は、江戸の言葉や風俗を身に付けてくる。たとえば領内では「あぶらめ」という魚は「あいなめ」といい、「かか

べ」と呼んでいるのを「てう《蝶》」というように言葉を覚えてくる。（中略）たまたま江戸に行った者も盛岡に帰ってくると、御国言葉や御国の風儀を笑うようになる。御国言葉や風俗を江戸の者が笑おうが、取り繕う必要はなく、笑われることは気にすることではない、と思う。江戸は将軍のお膝元であるから、すべてがすばらしいことであるが、御国のことは国風をまもって、失われることがないようにするのがよい。（中略）もちろん、よいことであれば、他所のことでも学ぶべきであると思っている。

「田舎者」でいいではないか

さらに「雑書」寛保二年七月十日条には、利視の「御意」が記されている。それによれば、家中の者だけでなく、領民についても国風を失わないようにと命じてきたが、いまなお理解していない者が多くいて心配している、としたうえで、たとえば倹約すべきところを華美なものを使うようになれば、そうしたことが「風俗」に反映し、次第に「国風」が失われ、他領の風俗、あるいは「江戸風」を好むようになるとして、心から形に、形から心に影響を及ぼすものだと利視は考えていた。そして「田舎者ハいなかものと人に被笑少も不苦事ニ候、武備之儀は少も無怠、万事古風ニ心付、実義ニ被遊度」として、「田舎者」でいいではないか、笑われたって気にすることはない、武備を怠らずに、すべてに「古風」を重んじ、それを道理の基としたい、と宣言する。

利視が自分も含めて「田舎者」と認識し、「古風」を「実義」、つまり究極の目指す姿としていることは注目したい。まさに彼の盛岡で生まれ育った生い立ちが、こうした認識を育むことになったといえるだろう。

利視の「思召」から考える

この利視の「思召」や「御意」については、これまでさまざまな視点から取り上げられてきた。守屋嘉美は、幕藩制国家における幕府と藩との関係を読み解く素材のひとつに挙げて、藩が独自の領域支配の志向性を、幕府による政治的規制という重石の下でも、潜在的にもち続けていたとして、藩権力の政治的・経済的自立と割拠性をみようとした。

また、菊池勇夫は、江戸言葉・風俗が次第に優勢となって在所の「国風」を脅かしつつある状況に対し、藩権力がこれを秩序をみだす異風として否定し、「国風」の独自性をアピールしたものと評価する。そして、領国の風俗を自ら編成・維持していくことが領主の存在根拠であったのではないかと指摘する。さらに、自国の言葉・文化に自負や誇りをもち卑下しない気風が残されていた点も指摘する。

浪川健治は、この時期の風俗統制の性格について、なお相対的にもっていた自らの文化的な秩序＝「風俗」を、藩という地域的な権力がその領域内での順守を強制するという性格をもっていたと指摘し、さらに「風儀」や「古風」（南部氏の歴史性）が、藩領域内における民衆支配と統合の象徴に利用される画期を見出している。

いずれも実証的な検討からの指摘であり、このほか、小川和也は、近世中後期の諸藩の「改革」が、ほとんど例外なく「古法」復帰という形が採用されていることに注目して、長岡藩の事例を検討しており、学ぶところが多いが、本章では新たに、利視という藩主個人に注目した藩政の分析にこだわって、この「思召」や「御意」について掘り下げてみたい。そのときに、これまでも述べてきたように、利視の生い立ちが深くかかわっていると考えている。

利視は、六代信恩の実子ながら、信恩が亡くなる際にまだ出生していなかったことから、信恩の弟の利幹が七代藩主に就任、享保十年、利幹が亡くなる際に利幹の嫡子（利雄、のちの九代藩主）が二歳と幼少であったことから、利幹の世子となり、十八歳で八代藩主に就任した。盛岡に生まれ、世子になるまで盛岡で育ったことも含めた利視の生い立ちが、菊池勇夫が指摘する、自国の言葉・文化に自負や誇りをもち卑下しない気風を生み、さらに、彼の藩政にも強く影響を与えることになったと考えられる。

利視の藩政の特徴

利視については、「御治国中の御行跡・御言行、皆後鑑」としたとして、「明君」としての評価もある（『内史略』）。そこで、利視の藩政の特徴を、家老席日記の「雑書」の記事から抽出してみると、たとえば「たとい下々ニて用ひ候とも用ひ不申共、我等存念ハ一通り下々迄承知候様致度候、(下々の者たちがたとえ用いようと用いまいと、私の考えは一通り下々の者にまで理解させたい)」(寛保三年七月六日条)であるとか、「被仰出候趣、末々迄相守押通し可申候、(命令した内容については、末々の者たちまで守り、貫徹させるべきだ)」(寛保三年十二月二十六日条)というところに、彼の専制性を指摘できそうであるが、「向後ハ小身之者も其気ニ当候者ハ御役義可被　仰付候、(今後は石高の低い者でも気に入れば任務を命じる)」(享保十三年十二月十二日条)とか、「たとへ従　御前被仰出義ニも宜計も無之筈、其ため御役人共大勢被　仰付置候(たとえ私が命令したことでもよいことばかりではないはずだから、そのために役人を多く任命しているのだ)」(寛保四年三月十五日条)と述べているように、独善的な専制を断行したようにはみられない。後世に「明君」と評価されるのは、このような点からだろう。

こうした利視の藩政に見出される一貫した特徴に、「由緒」や「古風」による秩序維持・回復が挙げられる。「雑書」からみていこう。

「先祖」と「由緒」の尊重

利視は享保十年(一七二五)、藩主に就任して早々に「大源院様・徳雲院様御代之通」、「霊巌院様御代之通」とあるように、曾祖父である四代重信(大源院)、祖父である五代行信(徳雲院)、父である六代信恩(霊巌院)の「御代」を手本としていた。しかし、その一方で、先代で叔父の七代利幹の「霊徳院様御代」は否定する法令を出している。さらに、利幹に処罰された藩士の罪を解き、新たに召し出してもいる。利視の生い立ちと藩主就任の経緯を考えれば、先代利幹はたまたま藩主になっただけで、自分こそが重信―行信―信恩と続く直系を継承する者であるとして、代替わりに際し、改めて自身を位置付けようとしたものだろう。利視のこうした強烈なアイデンティティは、ほかのところにもあらわれる。

利視は、翌十一年、信直・利直と前田利家との「由緒」を頼りに、前田家と疎遠となっていた関係の再開を求め、元文三年(一七三八)には、前田家に「利之字之儀、御代々御由緒之訳」を申し入れて、信視から利視へと改名し

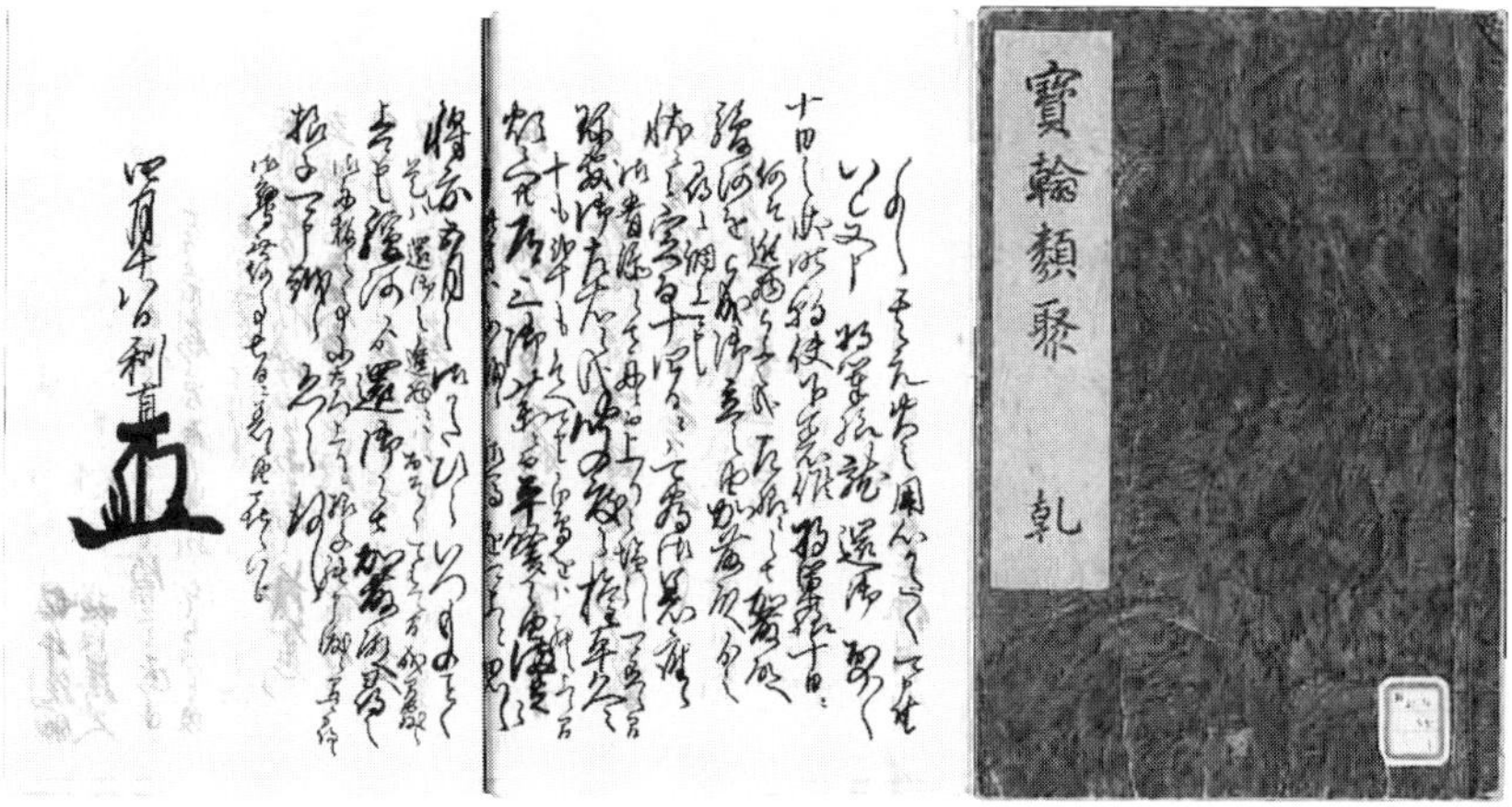

図18　宝翰類聚　岩手県立図書館所蔵

ている。また寛延二年（一七四九）には、百五十年忌にあたり初代信直を淡路丸大明神として城内に勧請してもいる。自身の藩主としての立場を、南部家の古い歴史からも補強したものといえるだろう。先に紹介した浪川の指摘は、こうした流れに関連した動きととらえることができるのではないだろうか。

　ところで、享保十九年、利視は隣国の仙台藩伊達家・秋田藩佐竹家の藩主父子と相次いで「対面」を果たし、「通路」を結ぼうと試みている。伊達家とは戦国以来の緊張関係と不通状態が続き、佐竹家とは藩境をめぐり幕府を巻き込んで対立してきた。南部家の歴史の懸案事項を清算する試みとも考えられる。ただし、幕府も認知する弘前藩津軽家との「不和」は、南部家の歴史の根幹にかかわるものであり、このときも解消されることはなかった。

　こうした利視の「先祖」や「由緒」へのこだわりは、寛保元年（一七四一）に利視の命令で編纂が開始された家臣の系譜集である「系胤譜考」（もりおか歴史文化館所蔵）や、初代信直・二代利直の文書を多く収録した古文書集の「宝翰類聚《ほうかんるいじゅ》」（岩手県立図書館所蔵）にもみてとることができるだろう。そして、「先祖」や「由緒」を大切にすることは、利視の治世をとおして、家中や領民にも求められた。その法令をいくつか紹介しよう。

家の「先祖」「由緒」の証拠の品

たとえば「雑書」元文五年（一七四〇）五月晦日条には、「在町之者共、古来より持来候所之名筆・古筆・御判物、或少之由緒書成共、末々証拠相成候類、他散不申所持仕候様　思召候旨、（領民たちは、古くから伝わってきた名筆・古筆・判物、あるいはわずかな由緒書であっても、今後の証拠になるようなものは、なくさずに保管しておくように、と利視はお考えである）」とあり、「家」の「先祖」や「由緒」の証拠の品をきちんと管理しておくように領民に求めている。

また、家中の者には、「雑書」延享元年（一七四四）二月五日条によると、「大小之諸士親類相互睦敷、就中本家嫡家有之者ハ、縦数代におよひ候共随分本嫡を尊敬し、麁末無之様出会尤ニ候、（家中の者は親類同士親しくし、とくに本家や嫡家の者がいれば、たとえ代を重ねて関係が薄くなっていたとしても、本家や嫡家を敬い、軽んじるようなことがないように交流することが大切である）」として、本家と分家、嫡庶の関係を重視している。また、「先祖より譲来古印書、或ハ其家ニ付候古筆系譜之類、随分令秘蔵、子孫ニ可相伝候、」とあって、領民にも求めたように、「先祖」伝来のものや「家」の「由緒」を伝える系譜などは、しっかりと秘蔵して、子々孫々に相伝していくべきである、としている。

このように、利視が家の「先祖」や「由緒」を重んじるべきだと考える、その理由がわかる記事を紹介しよう。

「先祖」「由緒」の尊重と「忠義」「孝心」

「雑書」延享二年（一七四五）五月十二日条

一門葉一族之嫡孫、割菱・九曜・花菱等相用候事を羨之、異姓ニても同名成者我家之紋を止て割菱・花菱・九曜を用候者有之候、縦其家々ニても丸之内角之内等ニて嫡庶之礼義も可有之事、況主君之紋を猥に相用、先祖相伝之紋も捨候事不忠不孝之至候、（以下略）

（口語訳）

一族のなかで、藩主家と同じ家門である割菱・九曜・花菱などを用いているのをうらやましく思い、異姓の者、あるいは同姓の者でも、自分の家の家紋を捨てて、割菱・花菱・九曜を用いる者がいるという。たとえばその家々で、丸の内、あるいは角の内、などと区別するなど、嫡庶においては、同じ家紋を用いないように配慮する礼儀もあるべきである。ましてや藩主家である南部家の家紋をみだりに用い、先祖相伝の家紋を捨てることなどは、不忠不孝の極みである。

「雑書」延享四年（一七四七）六月十五日条

大小之諸士、其家相続之輩ハ、親の心を継へき事なり、尤先祖より伝来候武具・馬具・書籍等ハ勿論之儀、譲請候諸品麁末無之様可心懸置処、親稽古いたし候書籍等并武具之類、其身手に不合、或御当時流儀違なと、存、致麁末候趣相聞得候、其身稽古いたし候書籍等気ニ不入武具等ニても、親致秘蔵候品、別て大切取置可申義、左候得は孝心ニも相成、則忠義ニも通候間、幼年ニて親無之ものハ家来共能取置可申儀、（以下略）

（口語訳）

家中の者で家を相続する者は、親の心を継承すべきである。もっとも、先祖から伝わる武具や馬具、書籍などは当然ながら、譲り受けた品々は麁末に扱ってはならないと心得ておくべきところ、親が勉強したり稽古に励んだ書籍や武具などを、自分には合わないと思い、あるいはいまの流儀とは異なるなどと考えて、麁末に扱っていると聞いている。稽古に用いた書籍や気に入らない武具であっても、親が秘蔵してきた品は、とくに大切に保管しておくべきで、そうすることが孝心にもなり、すなわち忠義にも通じるのだから、幼少で親がない者であれば、家来の者がしっかり保管しておくべきである。

これらから、利視が、「先祖」を敬い「家筋」や「由緒」を絶やさないこと、そのために、「本嫡を尊敬」し「親類相互睦敷」くし、「先祖」が遺し「由緒」の「証拠」となる文書・系譜・紋・武具などを子孫に伝えていくこと

図19　南部利視　もりおか歴史文化館所蔵
「元来和国の本道」として神道も重んじた。

は、「孝心」にもなり「忠義」にも通じると考えていたことがわかる。そして、その反対に、「家筋」や「由緒」を絶やし「相伝之紋」を捨てて、「譲請候諸品」を「取失」うことは「不忠不孝」と考えていた。さらに、「古風」をまもることが「忠義」や「孝心」であり、それが「奉公」のあり方にも直結するものと認識されていたことを思い出してほしい。

つまり、十八世紀に入り顕著化していた「古風」が失われ、「先祖」や「由緒」が軽んじられる事態は、「忠孝」や「奉公」という江戸時代の支配・身分秩序の根幹を揺るがす問題であり、さらには、自身の藩主としての立場のよりどころとして重視してきた「先祖」や「由緒」が軽視されることにも直結する問題であるから、利視に強い危機感を生じさせたのである。そして、利視の治世においては、そのような事態を回避させようと、さまざまな対策がとられていたのだった。

もっとも、浪川健治は利視期の藩政全般を分析するなかで、この時期の諸士の窮乏・疲弊などを背景に弛緩著しい家中の秩序の再編成を、その根幹である「家」を再意識化させることで実現しようとしていた事実を明らかにしている。このことからも明らかなように、生い立ちなどに強く規定されていることは確かであるが、利視という藩主個人にのみ由来・収斂する藩政ではなかったことには、十分に注意をはらう必要がある。当時の盛岡藩南部家の家中の状況と、藩主利視の生い立ちを含めた個性とによって生み出された藩政であった。

「国風」と「古風」の危機

しかし、「雑書」をみると、享保十年（一七二五）から四半世紀、利視の藩政の終わりに近い寛延二年（一七四九）になっても、贅沢を好む「奢かましき風俗」が広がっており、油断して失敗しがちな者たちは、自然と「身分之働も弛」み、家族離散に及び、行方をくらます「欠落」などをすることになると警告する法令が出されている（七月二十日条）。人びとの「当風」に傾倒する流れを統制することは容易ではなかったのである。

また、利視がいくら「国風」や「古風」への回帰を強く求めても、「元来和国の本道」（延享四年七月二十五日条）として「神道」に熱心だった利視の藩政においては、先代の利幹が決めた諸士の伊勢参宮の御暇日数五十日を七十日（盛岡藩士のもっとも高い家格である「高知」の者は九十日）へと延ばし（享保十二年十二月二十一日条）、「伊勢参宮は格別之事」と諸士の二三男や牢人、召仕いの者まで、伊勢参宮を望む者については、差し止めずに願い出を許可するように指示していた（延享二年五月二十八日条）。その結果、江戸藩邸に立ち寄るほか、京都やそのほかのところを「見物」してまわり「慰に参宮」する者や（延享四年六月一日条）、諸士の二三男や牢人、百姓による「抜参」が目立つようになって（宝暦元年六月二十九日条）、一層「京流」や「江戸風」に接することになったから、皮肉なことに「国風」や「古風」の危機はさらに高まっていくことになったのである。

2 藩主利視の「箱」と実名の「利」

将軍吉宗の「箱」と利視の「箱」

ところで、八代利視の治世は享保十年（一七二五）から宝暦二年（一七五二）までであり、当時の八代将軍吉宗の治世（享保元年から延享二年〈一七四五〉在職、この後に隠居して大御所となる）とほぼ重なる。その藩主利視と将軍吉宗との共通点に、「箱」の設置が挙げられる。吉宗のる。「箱」は、当時は「目安箱」と呼ばれていたわけではないが、のちに「目安箱」と呼ばれることになる訴状箱である。

利視も「箱」を設置しているから、確かに共通しているが、実は利視の「箱」と吉宗の「箱」とでは、大きな違いがある。利視は「箱」をあえて訴状箱である「目安箱」とは呼ぶな、といっているのである。この違いは、何を意味するのだろうか。これまでは生い立ちから利視の藩政に迫ったが、以降は、この「箱」から利視の藩政を考えてみたい。

ちなみに、享保六年（一七二一）八月から設置されることになる吉宗の「箱」は、当時、役所などに密告や訴えを書いた訴状を投げ入れる捨文が横行していたことを憂えた吉宗が、奉行所に「箱」を設置したものである。まさに訴状箱であり、将軍への直訴（直目安）を認めた「目安箱」であった。ただし、無記名でなされる捨文とは違って、記名したうえで、政治に有益なことや役人の不正、訴訟の滞留などを訴える投書を、庶民に求めたものであった。

さて、盛岡藩における直訴や目安箱の活用は、第一章で紹介したように、藩政がまだ確立しておらず直仕置の段階であった二代利直が、「百姓の目」でもって地方支配にあたる代官を監視したように、「目安」を有効に活用しており、次いで三代重直は、大身家臣の取り込みと参勤交代にあわせて家老合議制への移行を進めて（第一の藩政の確立）、藩政の確立にまい進しながらも、なお直仕置の色合いが濃く、父利直と同様に「直目安」を容認し、城下には「目安箱」（「雑書」）を設置して、代官や給人、肝煎の動向を監視するのに活用していた。

しかし、家老を中心とする職制を整え、領内惣検地を実施し、藩領域全体を一元的に把握して地方支配を安定させた藩政を実現（第二の藩政の確立）した四代重信と五代行信の治世には、第二章で述べたように、そうした職制を越えた、訴訟ルートを無視した「直目安」は否定され、「目安箱」が設置された形成もない。

利幹の代官服務規程

そして、「雑書」の記事をみる限り、その後も「目安箱」が設置されたようすはみられないが、利視の先代にあたり、代替わりに際して利視がその藩政を否定することになる七代利幹の治世には、将軍吉宗が「箱」を設置する享保六年（一七二一）八月から二ヵ月ほど前（この年は閏七月がある）の「雑書」同年六月十五日条に、興味深い記事をみることができる。それは代官の服務規程とでもいうべきものであるが、紹介しよう。

所々御代官之式

（条文省略）

右之条々此度申渡候、畢竟何も我等名代民をも導候得は、何も之格勤方悪敷時ハ対　公義我等に至り不忠候間、善悪ともに皆々之かくこ可有之事に候、民ハ天下之民に候得は、我等は重きキ事存候間、永々おこたりなく可相勤者也、

享保六年六月十五日

二ケ条別書

一、従　公義被　仰出候宗門之儀、吟味肝要之事、

一、民の訴、一日も滞なく早々訴へき事、

享保六年六月十五日

（口語訳）

右の条文についてこのたび申し渡す。私（利幹）の名代である代官が領民を導くのだから、その勤務内容が悪ければ、それは幕府に対し、また私に対しても不忠であるから、善いことについても悪いことについても、代官たちの心構えが重要である。領民は天下の民でもあるから、私は領民を大切な存在だと考え民政を重視して

いるので、今後は永く怠りなく代官としての職務に励みなさい。

享保六年六月十五日

二ケ条別書

一、幕府から命じられた宗門に関することは、よく調べただすことが大事であること。

一、領民からの訴えは、一日も滞留させることなく、早く訴えさせること。

享保六年六月十五日

利幹は「民ハ天下之民」として、盛岡藩の領民は、単に盛岡藩領の民というだけでなく、「天下」の民、つまり将軍の庇護する民でもある、との認識を示して、民政を重視していたことがわかる。そのため、領民の支配の要となる代官が勤務を怠り、領民を酷使したり困窮などさせたならば、藩主だけでなく「公義」、つまり幕府＝将軍への不忠になる、と説く。こうした利幹の認識は注目されるだろう。

そして利幹は、この条文を直接代官に伝えたかったようだが、病気であったことから、名代の家老が申し渡しており、諸役人へは右筆が読み聞かせるなどしている。それだけ利幹の思いが強く込められた代官の服務規定だったといえるだろう。

ここで、別書として二ヵ条が示されているが、そのうち「民の訴、一日も滞なく早々訴へき事」は、まさに今紹介した利幹の「民ハ天下之民」との認識と深くかかわっているだろう。民の訴えを滞ることなくくみ上げることが、代官には求められており、それが将軍と藩主に対する「忠」であった。「目安箱」が設置されたわけではないが、代官がまさに「目安箱」となって、利幹のもとに領民の声が届くようにしようとしていたのである。将軍吉宗とほぼ同時期に、領民の声を必要とし、それをくみ上げるしくみを整えようとしていたことは興味深い共通点であろう。

利視による「箱」の設置

そして、利幹の跡を継いだ八代利視の治世の元文五年（一七四〇）、再び城下に「箱」が設置されることとなる。「雑書」元文五年二月八日条によると、

此度紙丁橋詰御番所近所へ箱御出シ被差置候、右箱之内へ在々之者、其外書付等ニても入置候得ハ、下々之存念も相達候義ニ思召候、何そ目安箱等之義ニ無之候間、目安箱抔とハ唱申間敷候、右箱へ誰身之上之儀書付入置御覧ニ入候共、其義ニ付御咎等被　仰出候事ニは無之、惣て如何様之儀書付入置候共、御政事ニは御かゝわり被遊候筋ニは無之候間、此段は御目付共不案堵ニも可存候間、気遣仕間敷候、縦誰身之上之義書付入置候共、向後之儀相慎可申事ニ　思召候、（以下略）

（口語訳）

このたび紙丁橋の番所の近くに箱を置く。この箱に、村々の者やそのほかの者から投書があれば、私（利視）は領民の思いを知ることができるだろう。ただしこれは、訴状箱である目安箱などではないから、目安箱などと呼んではいけない。誰の行状であっても、箱に投書があって私が読んだとしても、そのことについて処罰などを命じることはない。どのような内容のことが投書されようとも、政事にかかわることはないから、箱の設置について監察役である目付たちは（自分たちのことが投書されるのではないかと）不安に思っているだろうが、心配は不要である。誰の行状が投書されようとも（政事にかかわらないが）、そのことで今後、みな行状を慎むことになるだろう。

とあって、「下々之存念」を知るうえで有効だとの考えから利視は「箱」を設置したが、注目したいのは、「誰身之上之儀書付」が投函されたとしても、「御咎」を命じることはなく、また、「如何様之儀書付」が投函されても「御政事」に影響を与えるものではないから、心配は無用としている点である。そして、利視の本当の狙いは、「向後之儀相慎可申事ニ　思召候」とあるように、「箱」を設置することによって、家中の者たちが日ごろの行状を慎む

ようになることを期待したものであった。

利視の藩政期には、家中に風紀の乱れがみられ、たとえば「雑書」寛延三年（一七五〇）十一月二十日条に、

一、御城下在々共ニ、御為之存寄等下々より申出、或は願等申出候筋有之候得ても、御役人共迄相達不申内、夫々ニて取扱申節難渋ケ間敷事有之、筋合宜諸願等も相滞候義有之、亦は差出候ニも内々面倒之筋も有之様ニ相聞得候、右躰之義無之、取上早速申出、其筋吟味之上、難取次事は御役人共より相返シ可申候、右之趣兼て其筋々、尤町は検断、村は肝煎等迄も可申付旨被　仰出、

（口語訳）

城下町や村々で、藩政に有用なことなどを、領民が申し出たり、あるいは願い出などがあったとしても、役人たちに伝えられる前に、取り扱いにさまざま支障もあって、妥当な内容の願い出などもそのままにされているという。または提出しようにも、面倒なことがあるとも聞いている。このようなことがないように、訴えや願い出を取りあげてすぐに申し出て、それぞれの担当者が内容をよく検討して、取り次ぐべき内容でなければ役人たちから返却せよ。このことについては、それぞれに、町であれば検断に、村であれば肝煎にも申し付けるように。

とあるように、訴訟の処理が滞っており、また、利視が家中の者たちの職務怠慢を咎める記事も「雑書」に時折みられることから、この時期の問題に対応した「箱」の活用でもあった。

「目安箱」と呼ばせない

ところで、利視はこの「箱」を「目安箱」とは呼ばせなかった。これについては、利視の生い立ちが影響していよう。

盛岡で生まれ育った利視は、119頁でも紹介した「雑書」寛保元年（一七四一）一月十三日条に、

江戸ニて御国言葉・風俗共ニ江戸者笑候共取繕不申、わらわれ申事不苦儀と　思召候、江戸ハ　将軍之御下之

儀候得ハ万事結構成儀ニ候得共、御国之儀は御国風を相守、取失不申様ニ致候儀宜　思召候、

とあるように、盛岡の「御国風」を大切にし、「万事古風」を重んじた。ここで注目したいのが、「江戸ハ　将軍之御下之儀候得ハ万事結構成儀ニ候得共、御国之儀は御国風を相守、取失不申様ニ致候儀宜　思召候」との認識を示していることである。吉宗の設置した「箱」は、吉宗が直接訴状を見たうえで政策に反映させていたが、利視の場合は「御政事ニは御かゝわり被遊候筋ニは無之」として、政治に直接反映させないとしている点で異なる。

つまり、江戸を「将軍之御下」として「万事結構」としながら、「国風」を大切にする利視としては、訴状＝目安を投じる吉宗の「箱」（訴状箱、目安箱）との差異を際立たせて、「江戸」に対する「御国」の独自性を示す狙いもあった、と考えるのは深読みだろうか。吉宗の「箱」との共通点にのみ注目するのではなく、先の利視の認識も視野に含めれば、利視の「箱」の設置は、江戸と盛岡、将軍と大名との関係を考察する素材になるのではないだろうか。

利視の「利」の字

最後に、これまで述べてきたことから、利視の実名の「利」の字について考えてみたい。この「利」の字は、二代利直が、昵懇の関係にあった前田利家から与えられて、「利直」と名乗るようになったという「由緒」にもとづき、元文三年（一七三八）に利視が、疎遠となっていた金沢藩前田家との関係を再開し、「利」の字の使用の許可を得て、信視から利視へと改めたものである。

すでに紹介したように、利視の生い立ちや藩主就任の経緯が、彼をして、南部家の歴史や由緒を重んじさせ、自らの藩主としての正統性を強調させることにもなった。前田家に許可を求めての「利」の字の使用は、まさにそうした流れのなかに位置付けられるものと考えられるだろう。

ところで、「利」の字については、七代利幹も、藩主在任中の正徳四年（一七一四）に「信応」から「利幹」に改めており、利視に先立って使用しているから、利幹も前田家を強く意識したのではないか、とも推測できるが、そ

れを裏付ける史料は管見の限りみられず、疎遠となっていた前田家との関係を再開し、正式に申し入れて「利」の字を使用したのは利視である。

では、利幹と利視の「利」の字の違いは、いったいどこにあるのか。現在のところまだ推測の域を出ないが、次のように想定している。歴代藩主の実名をみると、①初代信直、二代利直、三代重直と「○直」の系統が続く。重直の養子も「勝直」と名乗ったが早世した。そして、重直の跡は弟の重信が継いだことから、②四代重信、五代行信と新たに「○信」の系統が続く。行信の嫡子も「実信」と名乗ったが早世した。行信の跡は弟の信恩が継いだため、③六代信恩、七代信応（のちの利幹）と、今度は「信○」の系統になると思われたが、信応は利幹と改名する。養子となって信恩の跡を継いだことから、利幹も先例に倣い、実名の新たな系統を創出したのではないか。その際に意識された「利」の字は、南部家の中興の祖と認識されていた二代利直にちなんだものである可能性が高い。

そして、利視の場合は、彼の生い立ちから自身の藩主としての正統性を示し強調するために、叔父である利幹の藩政を中継ぎと見做して軽視したが、「利」の字についてはその重要性を認識し、利幹の「利」の字の使用を凌駕するために、正式に前田家に許可を得たのではないか。こののち、歴代藩主は藩主に就任すると、実名を「利○」と名乗っていく。ちなみに、利視の跡を継いだ利雄（信貞と名乗り、藩主就任後に利雄に改名）は、金沢藩前田家から正室を迎え入れている。南部家と前田家の縁は、一層深められていくことになる。

もちろん、利視の藩政や政策は生い立ちばかりに規定されたわけではないが、実名からも、彼の生い立ちが藩政に及ぼした影響を探ることができるのではないかと考えているのである。

コラム—6
藩主南部利視と商人前川善兵衛家

盛岡藩の商人としては、全国にも展開した近江商人が勢力を誇ったが、そのほか全国に知られるまでに成長した商人として、商売名を「東屋」とした前川善兵衛が挙げられよう。井上ひさしの小説『吉里吉里人《きりきりじん》』で知られる現在の岩手県下閉伊郡大槌町《おおつちちょう》吉里吉里に拠点を置いたことから、吉里吉里善兵衛とも呼ばれた。

前川家のルーツは現在の神奈川県小田原市前川にある。もとは小田原北条氏の重臣清水氏で、豊臣秀吉によって主家の北条氏が滅ぼされると、陸奥国気仙郡に落ち延び、やがて閉伊郡吉里吉里に落ち着いて商売をはじめた。当初は常陸国那珂湊の商人白土家と組んで、現地で集荷にあたっていたが、やがて自らも廻船業を展開して財を成し、白土家から独立した。初代甚右衛門富久、二代善兵衛富永は、藩に献金するなかで特権を獲得していき、三代善兵衛助友は、八代藩主利視のもとで商人として大きく成長する。

というのは、十八世紀前期の享保年間に利視が十八歳で藩主に就任するが、その利視は、殿様としての初のお国入りである初入部の費用にこと欠く状態だった。さらに、正室を迎える婚礼儀式にも多額の費用を要し、その工面に苦労した。こうした若き藩主を資金面で支えたのが助友であった。利視はこうした助友の貢献に報いようと、一生帯刀御免として、助友の帯刀を認めている。

利視と助友、そして四代善兵衛富昌との関係については、十八世紀中期以降に多くみられるようになる、献金によって武士身分を獲得していった、いわゆる「金上げ侍」と同様にみるのは慎重になりたい。それは、利視と助友・富昌父子との関係が、単に献金という金銭によって結ばれただけのものでなく、個人と個人とのあいだに築かれた信頼関係にもとづくものであったからである。

たとえば利視は、三陸沿岸を巡見した際には善兵衛宅に宿泊しており、また巡見の際の御目見えで、隠居していた父助友だけが帯刀しているのに気付いた利視は、家督を継いだ富昌が帯刀していない理由を代官にたずねたうえで、功績のある者だからと前川家当主の永代帯刀を認めた。さらに、延享二年(一七四五)には苗字を名乗ることが許され、本貫の地から前川を苗字としている。一方の富昌は、利視が亡くなると、菩提寺の吉祥寺に利視の位牌を安置している。前川家には、利視の事績に関わる軸が遺されてもいる。

藩主が利視から利雄に替わってすぐの宝暦三年(一七五三)、盛岡藩が幕府から日光本坊普請手伝の費用七万両を課されると、富昌は、その十分の一である七千両を工面するように命じられている。そして富昌は、苦労しながらもこれを納めた。当時、前川家は隆盛を極め、盛岡藩でほかを圧倒する大商人であったことが知られよう。

しかし、こうした献金は、確実に前川家の経営に暗い影を落としていくことになる。従来は、この七千両の献金によって前川家は没落した、と説明されてきた。史料のなかには、もはやこれまでと、吉原で大金を使い果たし、さすが前川善兵衛といわしめた、と伝えるものもある。しかし、前川家といえば、廻船業だけでなく、中国に向けて輸出された「長崎俵物」、なかでも「南部干鮑」「南部煎海鼠」の生産で知られており、その俵物の生産は、幕府の集荷体制が構築されるなか、宝暦の献金以降に本格化する。

さらに、盛岡藩の四大飢饉(元禄・宝暦・天明・天保)のひとつの宝暦飢饉に際しては、粥施行を実施して地元に富を還元する姿をみせてもいた。

こうした長崎俵物の生産に再起を図る前川家であったが、遠隔地商人との取引で為替が不渡りとなったり、不漁や破船も重なったりなどして、上手く軌道に乗せられずに借金がかさみ、安永年間(一七七二―八一)には財産を整理しなければならないところにまで追い込まれている。これまで御用として務めてきた江戸に送る御用味噌の生産も、ほかの商人にその役割を譲っている。

こうした前川家の一方で、商機をつかみ取り、新たに三陸沿岸の富によって財を成して、前川家にとって代わる商人たちが勃興していることにも注目したい。宮古通の盛合《もりあい》家や大槌通の貫洞《かんどう》家、昆《こん》家、佐野家などがそれである。彼らは多額の献金によって与力の地位を得、さらなる献金で所給人として、苗字・帯刀が許されて武士身分を獲得している。

盛岡藩はとかく米の生産が不向きな土地で、にもかかわらず藩主の年貢・諸役の収奪によって一揆が多発した、と説明されることが多いが、一方でこうした米以外の海産物のほか鉱物・山林資源にも恵まれており、そうした地域では、多額の献金が可能な商人を生みだし、彼らがその献金によって武士身分を獲得していく状況があったことにも注目したい。

十九世紀の弘化・嘉永年間に二度も沿岸部で発生した大規模一揆である三閉伊一揆などは、ないところから過酷な収奪を試みた結果、不満を募らせた民衆が立ちあがったというよりも、豊かな資源をもとに新たな産業を興したところに、藩が財政逼迫のなか、新たな財源として課税していったことから民衆の不満が爆発した、と捉えたほうが、より実態を反映していよう。

かつての勢いこそ失われたものの、前川家は時折、家老席日記「雑書」に登場する。そして、伊能忠敬《いのうただたか》が全国を測量する旅をしていたときに、盛岡藩領の沿岸に至ると、わざわざ前川家を見物しに立ち寄っている。忠敬の記録では、かつての栄華をみることができない、と記しているが（『伊能忠敬測量日記』）、前川家側の記録では、忠敬を丁重に迎え入れている。

ところで、前川家の歴史を伝えるものに、大槌町の前川家の墓所があり、また、前川家に伝わった文書群がある。大槌町は東日本大震災で巨大津波に襲われ、街が壊滅的な被害を受けたが、墓所は震災を経て、今も立派な墓石が高台に並んでいる。

文書群については、昭和二十年代に水産庁が購入し、現在は神奈川県にある水産資源研究所の図書資料館に保管されていることから、震災による津波の被害を免れた。この水産庁購入の文書群のほか、震災後に大槌町の被災した文化財の調査を行った際、前川家の家屋は津波で甚大な被害を受けたが、そこに保管されてきた前川家文書約千点の所在が確認された。系図や由緒書、祝儀帳や御悔帳など、まさに「家」にかかわる文書は、前川家に残され、大切に保管されていたのである。

大槌町の前川家に残されていた文書は、木箱に入って保管されていたことから、津波によって家屋から流出したものもあったが、津波にどっぷり浸かることもなく、周辺から発見されて回収され、ご無事だった娘さんのお宅の物置に保管されていた。早速、レスキュー活動で砂などを払うクリーニングの処置が施され、その後、岩手県盛岡市の県立博物館に搬入して、本格的な修復作業が続けられた。前川家文書の救出とレスキュー活動が縁で大槌町の文化財保護審議会委員になった筆者は、約十年間、県立博物館に通って修復作業に立ち会い、簡易目録を作成して、大槌町に返却することができた。また、前川家の「家」の歴史だけでなく、地域の歴史を伝える貴重な史料であることから、町の文化財に指定することができた。感慨無量である。

今後は修復を終えた前川家文書が、水産資源研究所の図書資料館に保管されている文書とともに、大いに活用されることを期待したい。

六　「笑われない」南部家に
「外聞」を気にする藩主たち

1　盛岡藩を規定した「外聞」

前章で紹介した八代利視は、盛岡生まれ、盛岡育ちで、南部家の歴史と由緒を重んじていた。そして、「国風」を大切にし、自身を「田舎者」といってはばからず、江戸者に「笑われ」ても構わない、との考えを示していた。しかし、九代利雄の藩政以降の家老席日記「雑書」には、他者の視線を意識し、世間の評判を気にする「外聞」という言葉が多くみられるようになる。

そこには、繰り返し凶作と飢饉が襲うなか、藩財政逼迫によって仁政による恩恵が領民に行き届かなくなり、一揆が発生するようになったこと、そして、十八世紀後半からの異国ロシアの南下と、それにともなう蝦夷地警衛と幕府役人の領内通行が大きく関係していた。凶作や飢饉は、盛岡藩領にとどまらず広域に発生するから、その対応が他藩と比較されることにもなった。藩主たちは常に幕府の目、他領者の目による「外聞」を気にして、今度は「笑われない」盛岡藩南部家にすることに努めていく。

こうした傾向は、文化元年（一八〇四）、十一代利敬が若くして四品（従四位下）に昇り、さらに同五年に侍従に任じられ、十万石から二十万石に高直しされて国持大名に昇格すると、より顕著になっていく。

そこで、その様子を、利雄、利正、利敬の治世から紹介していこう。まずは、これら三人の藩主の経歴を簡単に紹介しておきたい。

九代藩主南部利雄

利雄は、七代利幹の長男として享保九年（一七二四）に江戸で誕生した。母は利幹の側室橋本氏（貞林院）である。父である利幹が亡くなった際、まだ二歳であったことから、従兄の利視が跡を継いだ。八代利視は利雄を嫡子とし、利雄は元文四年（一七三九）十二月、従五位下信濃守に叙任した。翌年には金沢藩前田吉徳《よしのり》の娘を正室に迎えている。宝暦二年（一七五二）に利視が亡くなるとその跡を継ぎ、翌年には実名を信貞から利雄に改めている。同八年に大膳大夫に改め、明和三年（一七六六）、従四位下に叙された。

図20　南部利雄　もりおか歴史文化館所蔵

利雄の治世には、藩主に就任した宝暦二年の翌年、日光本坊の手伝普請を幕府に命じられ、豪商の前川善兵衛富昌に資金調達を命じて何とか務めを果たしている。その後は盛岡藩の四大飢饉の二番目にあたる宝暦飢饉に見舞われ、藩財政はますます危機的状況に陥っていった。明和七年には京都仙洞御所の手伝普請を幕府から命じられ、安永年間（一七七二―八一）には江戸大火で桜田屋敷が焼失、さらに盛岡で大火が発生するなど、災害に見舞われた。治世は二十八年間であったが、飢饉と災害とが相次ぎ、多難な藩政であった。

安永三年（一七七四）に利謹を廃嫡し、利視の十一男で旗本南部信起（三田南部家）の跡を継いでいた利正を嫡子とした。同八年十二月に盛岡で亡くなった。享年五十六、法名は養源院といい、聖寿寺に葬られた。

十代藩主南部利正

利正は、利視の十一男として宝暦二年（一七五二）に江戸で誕生した。母は利視の側室の瀬山氏（知勝院）である。旗本三田南部家の南部信起の跡を継いでいたが、安永三年（一七七四）に利謹の廃嫡によって利雄の嫡子となり、従五位下修理大夫に叙任された。同六年には実名を信由から利正に改めている。利雄が亡くなると同九年に跡を継いだ。南部信起の娘（観光院）を正室とする。

利正の治世は、天明元年（一七八一）に甲州川普請を幕府から命じられ、さらに四大飢饉の三番目にあたる天明飢饉に見舞われて、多くの餓死者を出し、藩財政もますます逼迫した。飢饉の惨状を深く憂えたなか、同四年に病を押して江戸に上り、到着後に重篤となり亡くなった。享年三十三で、法名は義徳院といい、東禅寺に葬られた。わずか五年間の治世であった。

図 21　南部利正　もりおか歴史文化館所蔵

十一代藩主南部利敬

利敬は、利正の二男として天明二年（一七八二）に盛岡で誕生した。母は利正の側室の田中氏（涼雲院）である。天明四年、わずか三歳で江戸に上り、父の跡を継いだ。寛政元年（一七八九）に広島藩主浅野重《しげ》晟《あきら》の娘を正室（光樹院）として迎える。同七年、実名を信敬から利敬に改めている。

利敬の治世は、幼少で藩主となったことから家老らが藩政を主導していたが、寛政七年に十四歳となった利敬は、藩主として初入部（お国入り）する。しかし、天明飢饉とその後も凶作が続き、連年の藩財政逼迫によって、領民の負担は限界に達しており、そこに入国にあわせて新たな税金が課されたことで不満が爆発し、

図22　南部利敬　もりおか歴史文化館所蔵

盛岡城下に強訴に詰めかける事態となった。利敬はこの強訴について「外聞」を失った、と表現しており（「雑書」）、その後の藩政に大きな影響を及ぼすことになる。ロシアの南下による蝦夷地警衛が本格化したのも利敬の治世である。幕府の寛政改革と同様に「内憂外患」への対応に迫られた。

一方で、文化元年（一八〇四）、わずか二十三歳で蝦夷地警衛の功績により従四位下に叙されたことは、利敬の藩政と南部家のあり方を大きく変えることになる。

文化年間の後半には対外的危機が一時的に緩和し、藩政も比較的落ち着いていた。そうしたなか、文政元年（一八一八）には、御三家の八戸・中野・北家と、一族の南・東家について、南部を称することを認めている。また、翌二年には、分家で旗本の南部主税信鄰に六千石を加増して一万一千石の大名とし、信鄰は従五位下播磨守に叙任している。利敬は子に恵まれなかったため、文化十年に妹（玉芳院）の子利用（三戸信丞の子）を実子として幕府に届け出ているが、これらの措置は、利用を支える体制を整えるためであろう。その後、利敬は文政三年に盛岡で病を得、亡くなった。享年三十九、法名を神鼎院といい、聖寿寺に葬られた。在職は歴代藩主のなかでもっとも長い三十七年間であった。

藩財政逼迫

宝暦二年（一七五二）に利視が没し、利雄が九代藩主に就任して迎えた同五年は、盛岡藩の四大飢饉（元禄・宝暦・天明・天保）のひとつである宝暦飢饉が襲った。そして、十代利正は安永九年（一七八〇）に藩主に就任するも、天明三年（一七八三）に天明飢饉が襲い翌四年に没する。この間の藩財政は、宝暦三年

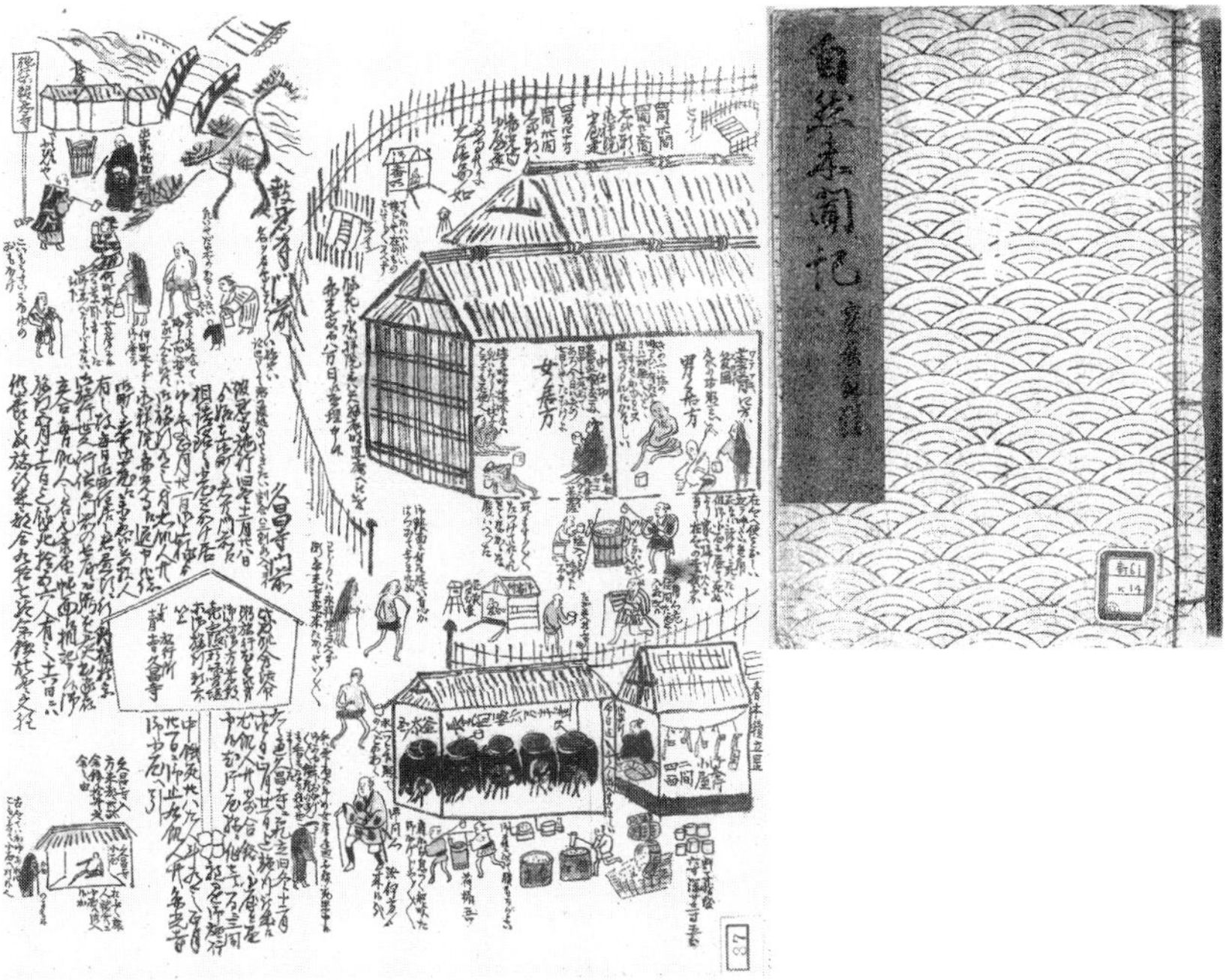

図23　自然未聞記　岩手県立図書館所蔵　宝暦飢饉の際に藩が久昌寺に設置した御救小屋の図

の日光本坊普請、明和七年（一七七〇）の京都仙洞御所普請、天明元年の甲州川普請と、幕府の手伝普請が相次いで課され、さらに安永元年には江戸藩邸が焼失して再建するなど、逼迫状態が続いた。一七五〇〜八〇年代の盛岡藩は、まさに飢饉と財政逼迫への対応に追われた時代といってよい。

宝暦飢饉と「外聞」

ところで、利雄の藩政以降、家老席日記「雑書」にしばしばみられるようになる言葉に「外聞」がある。宝暦五年十月十三日条の宝暦飢饉への対応からみよう。

利雄は、今年は領内が近年にない不作に見舞われており、これから冬にむかうなか領民が困窮するようになる、とくに百姓が困窮することになるだろう、と述べたうえで、「此節諸民救之手当等も可有之事候得共、段々無拠物入打続候上、蒙大用、莫大之物入に付、難相届、（領民に御救いの手当を施すべきだけれども、これまでやむを得ない出費が重なったうえに、幕府からは手伝普請を命じられ多額の出費もあって、手当を施すことが難しい）」として、藩財政逼迫を理由に「諸民救之手当」を放棄する。

その一方で、「惣て古百姓共之儀ニ候得は、往々恩沢を請、永く相続罷有候者共事ニ候得は、土民と申なから慈愛之重を存におゐてハ、ケ様之節専心得之可有之事ニ候、（領内の百姓たちの多くは古くからこの地にいる者たちであるから、これまで藩から恩恵を蒙っており、永く家を伝え生業を営んできた。領民の身分ながら、藩からの慈愛を十分に感じているだろうから、このようなときこそ藩からの恩沢と慈愛を改めて認識すべきである）」として、これまでの「恩沢」や「慈愛」を領民に訴えて、「外聞」にかかわる「他領へ罷出」ること、「強訴等」を思いとどまらせようとしている。

さらに、「当年ハ他領ともニ不作之由粗相聞得候、縦他領へ相越候共、自飢渇及可申候（今年は領内だけでなく他領も不作に見舞われていると聞いている。たとえ欠落などして他領に行ったとしても、飢えに襲われることになるだろう）」として、領民には領内にとどまって凌ぐようにいい聞かせ、代官には、菜草の類などでも蓄えて、領民が飢えに及ぶことがないように、それぞれ支配している代官区について「手を尽」くすように求めている。

「目障」な餓死者

そして、「雑書」宝暦六年（一七五六）五月一日条には、

近在并遠在ともニ此節及飢渇、山林、野道、山道、作場道、往還通ニも倒死候者数多在之候得共、取仕廻片付等も不仕、其侭差置候様相聞得、他所へ之御外聞共、以之外不宜義ニ候、（中略）勿論　御城下近在之義は先頃も度々段々被　仰付置候処、今以　御眼障候者も在之、川筋通りともに心を用ひ遂吟味、流し候ても流兼ね候ハヽ、其近辺へ取上ケ埋置候様可仕候、

（口語訳）

盛岡周辺や遠方の村も飢饉に見舞われ、あちこちの道で倒れ死んでいる者がたくさんいるけれども、片付けられておらず、そのままになっていると聞いている。他所に対する外聞も、ことのほかよくないことだ。もちろん城下近くの村々にはこれまで何度もよくよく命じているが、今なお目障りなものがある。川の付近もよく調

べて、死体を流すことができないならば、近くに引き上げて埋めるようにせよ。

とあり、飢饉で亡くなった領民を「外聞」にかかわる「眼障」なものとしている。

このときの「外聞」については、「雑書」宝暦六年四月五日条に、目障りな「捨物」があり、これを「他領者」が見かけたならば、「御外聞」（＝盛岡藩南部家に対する世間の評判）もどのように思われることだろうか、と利雄が心配しているから、「他領者」の目を意識したものであった。

「雑書」をみると、元文年間（一七三六―四一）から宝暦年間（一七五一―六四）まで「六十六部其外諸勧進之類」が領内に入り込んだ際の対処を示した法令が繰り返し出されており、明和年間（一七六四―七二）には、毎年春になると夥しい数の「小商売人」が領内に入り込んでおり、「御国之益」が脅かされることを危惧する領内商人の姿があった。さらに、「他領者御領分逗留之日数」（「商売人」「細工人」「芝居役者」「諸芸指南之者」「神社仏閣参詣之男女」など）が定められたように、十八世紀中期以降、実に多様な「他領者」が入り込んでいた。彼らは盛岡藩という「御国」の様子を諸国に広めることになり、「外聞」を脅かすことになる存在でもあったのである。

「他国」の目、「公辺」の目

さらに、「雑書」宝暦五年十二月二十五日条では、

当年は何国ニても不作之事ニ候得は、他国にても其手当之儀も可有之事と被存候、我等一国其儀無之候て、他国へ之聞得外聞共ニ不宜儀ニ候、尤　公辺へも相聞得候てハ、我等首尾合ニも相懸候儀、

（口語訳）

今年はどこの国も不作であるから、ほかの藩でも施しなどがあることだろう。盛岡藩だけがそれを行わないのでは、他藩にどのように思われることか、盛岡藩の評判も悪いものとなろう。幕府にも状況が知られたならば、私（利雄）の評判にもかかわってくる。

と述べており、「救之儀」について、役人に対し、それぞれが考えていることをしたためて提出することを求めているが、ここでは宝暦飢饉への対応について、「他国」の目、そして「公辺」(＝幕府)の目を意識している。

元禄飢饉のときにはまだ藩財政に余裕があり、百姓の「窕《くつろぎ》」にも配慮がなされていたが、宝暦飢饉のときには為す術なく、倹約中も意識されたように「都て御外聞と存取繕」(宝暦四年五月二十九日条)うのが精一杯だった。飢饉は「我等一国」の問題ではなく、「隣国」も含む範囲で発生するから、「他国」とその対応が比較された。そして、その比較のなかで「他国へ之聞得、外聞」を損なうと、それは利雄の評判にもかかわった。

一方で、天明飢饉のときには、「雑書」天明三年八月二十五日条に「他国之聞外聞共ニ宜候得は、我等始役人共業も自然と　公辺へも響候儀、専　我等首尾合ニ相成候儀(他国からの評判がよければ、藩主である私〈十代利正〉をはじめ、役人たちによる政治が、次第に幕府に伝わることになり、それは私の評判にもつながる)」とあるように、「他国之聞、外聞」を保てば、その評判は「公辺」にも伝わり、藩主利正の評判もよくなった。「外聞」が重んじられたのは、こうした理由もあったのである。

「救之手当」を施さず、「外聞」を意識して、餓死者を「目障」なものと表現する。領主は領民を庇護し、百姓の存立基盤を保障して、領民が困窮すれば「御救」を施すことが役割だから、理由はどうあれ、こうした利雄の宝暦飢饉への対応は、領主としての務めを果たしていないことになる。そして、このことは、百姓の役割として年貢を納め、町人の役割として税金を納めて、それぞれの務めを果たしている領民たちの領主に対する不信感を高め、やがて領民から一揆や打ちこわしといった糾弾を受けることにもつながっていく。そういう点で、宝暦飢饉は、盛岡藩主と領民との関係を考えるうえで、ひとつの画期といえるだろう。

利謹の廃嫡

これまでは利雄による宝暦飢饉への対応と「外聞」との関係についてみてきたが、次に利雄の治世において、「家」の存続に大きくかかわる出来事である嫡子利謹の廃嫡に注目したい。

利謹は、利雄の正室で金沢藩主前田吉徳の養女（大聖寺藩主前田利章の娘）を母とし、妻は福岡藩主黒田継高《つぐたか》の娘であった。利謹は、安永三年に廃嫡されるが、それについては「雑書」をみると、前田家や黒田家などの「御親類中様」に相談し、幕府に提出した願書では病気を理由としており、利謹も奉公が叶わないことから納得して「退身」したことになっている。しかし、実際には、幕府に願書が提出される以前に、

信濃守儀、段々行跡不宜候上、此度国家之大事ニ及候儀、我等へも不申聞、一己之所存ニ募候致方共有之候間、家督相譲不申段此度申付候、行跡不宜趣は家中者共承伝、定て不安堵ニ可存候間、此段申達候、

（口語訳）

利謹について、これまでの行いが悪いうえに、今度は盛岡藩の重大事に及ぶことをしでかし、私（利雄）にも伝えず、自分だけの考えで行動することなどがあったので、家督を譲ることができないと、利謹に申し付けた。行いが悪いことは家中の者たちも伝え聞いているところであり、とても不安に思っていることから、このように伝えるものである。

と、家中には伝えられていた（「雑書」）。

廃嫡された利謹は、これまで「若殿様」と呼ばれていたが、以降は「信濃守様」と呼ばれることになっている。そして、利雄には男子がいないことから、八代利視の子で、旗本の三田南部家に養子に出されていた利正が、「養嫡子」となり、のちに十代藩主に就任することになる。

ちなみに、利謹の正室は「信濃守の奥様」と呼ばれるようになり、まだ若いことから、利謹と離婚したうえで再婚することも検討されたようだが、南部家と黒田家との相談により、夫婦のままでいることになり、享和三年（一八〇三）に没した。円明院と称し、南部家の江戸の菩提寺である金地院に葬られている。

「国家之大事」

さて、「国家之大事」について、「雑書」の記事は詳しく語らないが、安永四年（一七七五）になって利謹の側近らが「諫言」をしなかったことが咎められており、なかでも松田養父は「去年五月之頃より　信濃守様御内意被　仰付、権門家へ立入御内蜜之御心願之儀、伝手を以　公義御役人様方へ勤向有之（安永三年五月ごろから利謹の意向に従って、当時力を誇った人物のもとに出入りし、利謹の内密の心願について、伝手を頼って幕府役人に働きかけた）」、江釣子為助は「去春二見源蔵上京之節、御国元　御姫様御事、有栖川宮様へ御縁組等之儀　信濃守様御内意ニ付、京都へ罷出源蔵へ申付、堂上方へ立入内談仕候由（二見源蔵が上京したときに、利雄の娘を有栖川宮と縁組させたいという利謹の意向について京都に行って源蔵に伝え、朝廷や公家に接近し内談したこと）」を咎められたりしているから（「雑書」）、利謹は上昇志向が強く、当時の権力者に近付いて何とかその思いを実現させようと、藩主で父の利雄には秘密にして、裏工作を図っていたことがわかる。

利謹と老中田沼意次

では、「権門家」とは誰のことを指すのだろうか。それは、側用人から老中格、そして老中になったばかりの田沼意次であった。そのことは、もりおか歴史文化館に「田沼意次宛南部利謹書状写」（年未詳五月十五日）が残されており、先ほど紹介した「雑書」の記事の、安永三年（一七七四）五月ごろから「権門家」に接近を図っていた、との記載と日付が一致していることからもわかるだろう。この書状には花押もあるから、よほどの思いを込めて書いたことがうかがえるが、それによると、利謹は、南部家が当初「無勿躰も御普代　松平家並」で、四代重信と六代信恩のときには格別の御恩を蒙ったが、近年は七代利幹と八代利視の治世になって「外様大名之並」となっている、との認識を示す。そのため若いうちから寝たり食事をしたりすることも忘れるほどに奉公に励んだが、その結果、積気《しゃつき》を患ってしまったことを嘆き、それでも、もし思いが叶うなら、ということで、

万ニ一も願相叶身分相応之小事何成共被仰付被下置候は、誠ニ以本望至極、先祖へ対候而も申開有之義奉存候、

弥相勤候ニ至候而は、昼夜不寝候而も少も厭不申候、何卒　御上御心腹ニも相成、引続各様之御片腕ニも不及相成ハ、、仮令翌日ニ薨候而も本望ニ御座候、いか様之義ニ而も　上意相背申間敷、一分之見（身カ）相立申間敷存入ニ御座候、愈御領掌被下置上候、乍慮外向後御兄弟同様ニ可奉存候、御互ニ忠義相属申度、未熟之所は何分御呵可被下候、（以下略）

（口語訳）

万が一にも願いが叶い、身分相応のささいなことであってもお命じいただけたなら、誠に本望の至りであり、先祖に対しても申し開きができると思っております。勤めを命じられたならば、昼夜を問わず寝る間も惜しんで少しも厭うことなく励みます。何とか腹心にしていただいて、もし、これまでどおり皆様の片腕にもならなければ、たとえ翌日に死んだとしても本望です。どのようなことでも将軍の意向に背かず、少しの欲も出さない覚悟でおります。このことをよくご理解賜りたく思います。失礼を承知で、今後は兄弟同様に思いますので、互いに忠義を通わせたく、未熟なところがあれば、どうぞお叱りください。

図24　南部利謹　もりおか歴史文化館所蔵

と、田沼意次に述べている。利謹としては、たとえ病身ながらも、当時の権力者である老中田沼に近付き、南部家をかつての「御普代　松平家並」にし、自身の上昇志向も満たそうとしたのだろう。しかし、利雄にとって利謹の行動は「国家之大事」で、一歩間違えれば盛岡藩南部家が存亡の危機にも陥りかねない事態だと認識し、利謹を廃嫡せざるをえなかったのである。

こうした利謹の思いを知りながら、幕府に提出された表向き病気を理由とした廃嫡願を受け取り、その許可を与えた田沼の心中は、どのようなものだったのだろうか。

安永三年（一七七四）に利謹が廃嫡され、その後「養嫡子」となった利正は、同八年に利雄が亡くなると藩主に就いた。十代利正は、就任後、直ちに倹約の徹底に努めている。そ

天明飢饉と「外聞」

れは、当時、「雑書」に「在町共、近年自然と百姓之風儀取失ひ、家作并衣食共ニ奢ニ長し、農業之妨多有之」や、「婦女之風俗・衣類・髪之かさり、近年花美ニ相成、奢之至不宜候、」（安永九年十二月十八日条）とあるように、百姓らのぜいたくが目立ち、百姓としての振る舞いが乱れ、彼らの生業である農業にも影響が及んでいたからである。

宝暦飢饉の後、明和・安永年間には状況をもちなおしていたこともわかるが、しかし、藩財政逼迫の状況はかわらず、利正は百姓らに華美と奢りが広がる状況を改めようと、「万端質素ニ仕、古風ニ立戻候様」（「雑書」天明元年一月二十八日条）にしたいと表明している。

さらに、「我等（＝利正）身之廻ハ勿論、他之見分ニ拘り候事迄も三ケ年中厳敷相略」（「雑書」天明元年六月十四日条）すとし、自身も含めて「他之見分」（＝「外聞」）にかかわらず、天明元年（一七八一）から同三年まで厳しく「略」（＝倹約）に努めることを宣言した。利正は「外聞」よりも倹約を優先したのである。

この利正期にみられる「古風ニ立戻」るとは、「古代質素之風俗」（「雑書」天明三年十月三日条）とも表現されるように、現在の「花美」や「奢」を好む領内の風俗・風儀から、かつての領内の風俗・風儀、とくにも「質素之風俗」、「質朴之風儀」（「雑書」天明三年十月二十三日条）を取り戻し、それを「永風俗」（「雑書」天明元年六月十四日条）にすることだった。領民に質素倹約を定着させようと、利正は自ら率先して倹約に努めた。

その際、「爰元之儀は曽て他之見聞ニ拘り候事も無之候、取縮之趣意相届可申事と存候」（「雑書」天明元年六月十四

日条）とあるように、とくに「爰元」（＝領内）では「他之見聞」を気にすることもないとして、厳しく「取締」（＝倹約）を求めた。領内支配に際しては、代官に対し、「被　仰渡候御文面のみ為申知候てハ、卑賤之者共聞請兼候事故、風土之言葉ニ移、熟と為呑込可申候、（命令を文面だけで知らせても、身分の低い者たちは内容を理解できないから、その土地の言葉に換えて伝えて、よく理解させるようにせよ）」として、「遠村并入江・山形之者」には「風土之言葉」、すなわち各地域の言葉（＝方言）で法令の趣意を伝えて、領内隈なく貫徹するように指示するなど（「雑書」天明元年十一月十二日条）、意欲的に藩政に取り組んだ。

しかし、天明三年に発生する天明飢饉では、やはり先に紹介したように、「他国之聞、外聞」と「公辺」とを強く意識せざるを得なかった。その利正は、「明年秋迄御救方御不安堵」（「雑書」天明三年十月三日条）に感じながら、その秋を待たず同四年五月に没している。飢饉にあえぐ領民に「御救」を施すという領主の務めを、利正は最後まで果たそうとしていたのである。利正が推し進めた「外聞」よりも質素倹約を優先した藩政も、天明飢饉で頓挫し、在職わずか五年で、飢饉に苦しむ領民を心配しつつ、志なかばで亡くなることは、利正にとってどれだけ無念だったことだろう。

図25　天明飢饉供養塔　盛岡市東顕寺，写真提供：盛岡市教育委員会

2 新たな「御家柄」と藩主利敬の政治

一揆で「外聞」を失った利敬

そして、利正の後、藩主に就任した十一代利敬は、この「外聞」に悩まされ続けた藩主となった。というのは、彼が「御国」に初入部（＝はじめての御国入り）した寛政七年（一七九五）に大規模な一揆が発生したが、それを利敬は「百性共愁訴之次第、後年外聞難取戻」（「雑書」寛政十二年十二月二十八日条）と表現しているのである。

さらに、寛政年間には異国ロシアが接近し、盛岡藩には「蝦夷地御用」として幕府役人である箱館奉行などが数多く奥州道中を往来するという事態が生じることとなる。こうした事態について、利敬が「諸家中之風儀、町家・在方之者行業之善悪ニ依て、我等兼日之心懸も表ニ現レ候（家中の振舞や領民の素行の良し悪しによって、私〈＝利敬〉の日ごろの為政者としてのあり方が露顕する）」（「雑書」寛政十二年三月十五日条）との思いを吐露しているように、彼の関心は、もっぱら風俗統制にむけられることになった。

「外聞」をもっとも意識しなければならない幕府の目が直接「御国」に入り込み、「風儀」の「善悪」によって「兼日之心懸」が露呈することになるから、取り戻し難いほどに「外聞」を失ったところから藩政を開始した利敬に加わる重圧は、さぞ大きいものがあっただろう。

十八世紀中期以降の盛岡藩では、まさに「外聞」が、「国政」「風儀」のあり方を大きく規定していたのである。そして、利敬に風俗統制を断行させる根拠を与えることになったのが、異国ロシアの接近にともなう蝦夷地警衛の見返りによって実現した、利敬の官位上昇と南部家の家格上昇である。このことについて、詳しくみていこう。

利敬の藩政については、守屋嘉美の研究があり、この時期の風俗統制を論じたものとしては、菊池勇夫・浪川健治・小林文雄の研究がある。いずれも実証的な研究がなされているが、利敬の藩政と風俗統制に与えた官位上昇と家格上昇の影響については、もっと明確に位置付けられるべきだろう。というのは、利敬の藩政は、文化元年（一八〇四）十二月に四品昇進を果たした前後で性格を一変させているからである。

さらに、隣国で不和の関係にあった弘前藩津軽家が、文化二年に四万六千石から七万石に高直しされると、利敬は高直しを幕府に働きかけ、同五年十二月に蝦夷地警衛の功績から二十万石に加増され、侍従に進んで国持大名となると、藩政の変化はより顕著になってあらわれている。そこで、利敬による官位・家格上昇に注目して、利敬の藩政を描いてみたい。

四品（従四位下）昇進

なお、四品とは位階で従四位下のことで、ほとんどの大名は従五位下にとどまるものだが、盛岡藩主は在職期間によっては従四位下に昇進することもあった。

まずは、利敬が寛政十二年（一八〇〇）に幕府老中に提出した官位上昇の内願（もりおか歴史文化館所蔵）をみることにしよう。蝦夷地警衛という寛政期からの新たな奉公の見返りに、官位上昇を求めている。

私儀、当申二十二歳、天明四年七月家督、当年迄十七ケ年ニ罷成候、然処祖父大膳大夫儀、宝暦二年五月家督、明和三年ニ而十五ケ年目被任四品候以来、当年迄二十二ケ年四品中絶仕候、依而恐多奉存候得共、内願之筋申上候、私領内之儀、至而辺鄙之地故、不被任四品ニ前ハ、農工商之三民等教にいなみ候と申ニ者毛頭無之候得共、自然と薄敬ニも相聞得候、然共先ニ被仰出之御法度、近々御沙汰之御令条を以、専に育罷在候儀ニ御座候、此上四品昇進被仰付被下置候儀ニ御座候得は、三民敬謹も格別ニ罷成候義、自ら国政之助、教訓之根元厚罷成可申、冥加至極難有仕合奉存候、家督已来目立候御用儀相勤ニも無御座候得共、縦令内願たりとも決而難申上

候、別而是等之儀為差御用儀と申ニも無御座候得共、寛政四年ヲロシヤ人蝦夷地江着岸ニ付、右為御用松前表江人数差出候様被仰付、其節人数差出差図有之、（中略）前文申上候筋御取上、当暮四品昇進被仰付被下置候ハヽ、領内鄙俗至愚之人気自ラ和順仕、向々御令条を以弥増に育可仕、冥加至極重畳難有仕合奉存候、

（口語訳）

私（＝利敬）は今年二十二歳となります。天明四年七月に家督を継ぎ、今年で十七年目になります。祖父の九代利雄は宝暦二年五月に家督を継ぎ、明和三年の在職十五年目に四品に昇進して以来、今年まで二十二年間、盛岡藩主は四品に昇進していません。恐れ多いことですが、内願を申し上げます。私の領内はとくに辺鄙な地で、四品に任じられる以前は、農工商の者たちは教導を拒むことはまったくありませんが、次第に領主を敬う気持ちが薄らいでいると聞きます。そうではありますが、これまでの法令をもとに教え導いているところです。さらに四品に昇進したならば、農工商の者たちが私を敬うことになり、政治を支え、教えを強化する基になりますから、ありがたいことだと思っております。家督を継いでから目立った奉公もしておりませんので、たとえ内願であっても申し上げ難いことです。とくに大した奉公というほどでもありませんが、寛政四年にロシア人が蝦夷地に着岸したときに、指示に従い松前に藩士を派遣しました。（中略）これまで述べてきたことをお取りあげいただき、年の暮れに四品昇進が叶えば、いやしく劣った領民の気風は自然とよくなり、法令によってますます教え導くことができ、ありがたいことです。

このように利敬は、「四品昇進」が叶えば「農工商之三民」が「敬謹」するようになり、「国政之助」となり、「教訓之根元」が厚くなるとする。さらに、「領内鄙俗」と「至愚之人気」が「自ラ和順」し、領民を「御令条」で教え導くことができると述べている。

女性の眉払い

天明四年に三歳で藩主に就任した利敬の藩政初期は、家老の合議によるもので、「雑書」に収録されている法令をみても、「とかく近年は在々共ニ奢ケ間敷風俗」（天明五年十一月二十九日条）が広がっていると、八代利視が寛延二年（一七四九）に出した法令と文言を同じくして、同じ認識に立っていた。そして、文化元年十二月の利敬の四品昇進までは、先代の利正が「万端質素ニ仕、古風ニ立戻」ることを求めたのと同じく、「古風を取失ひ目立候風俗」や衣服・履物など「以前之様ニ無之」風俗、江戸の「風俗気分」を「見習」い「真似」た「いかつケ間敷」風儀を改めるなど（寛政八年三月二十五日条）、「古風」の回復を目指す法令が相次いで出されていた。そして、それは文化二年三月に百姓の「奢り」を戒め「古風立戻り、万端質素」を求める法令までみられるが（三月二十八日条）、一方で、利敬が四品に昇進した後は、

> 一前々より婦人嫁娶之後、年たけ候迄眉をはらい元服いたし候者も無之、女礼も欠ケ候得共御国風ニて宜事と存違居候、これらハ往古より之仕なしと申なから老少女之分ケなく、諸国一統之風儀、女礼ニもたかひ、ことやうニて笑われ候事故、眉はらい可申候、（以下略）　（文化五年三月十九日条）
>
> （口語訳）
>
> 前々から結婚後は年を重ねるまで眉を払って元服する者もいない。女性のたしなみにもあわないことだが、盛岡藩領の以前からの風習で、領内の女性たちはよいことだと考え違いをしている。これは以前からのことではあるが、年齢の区別なく、諸国に共通する風習や女性のたしなみとは違っており、異様だと笑われることであるから、女性は眉を払うように。

とあり、「国風」で「往古より之仕なし」よりも、「諸国一統之風儀」を優先し、女性に「眉はらい」を求めている。すでに指摘されてきたように、「国風」や「古風」の否定・排除である。

この「眉はらい」の意図について利敬は、「日本之風儀」ではなく、「蝦夷国同様之振合」と指摘し、「日本之風

俗も薄、諸法令も無之異国之様ニ而、他之見分も」心配だと感じて、「諸国之風儀と相違蝦夷同様之風俗故、日本一統之風儀ニ」したいとの思いを述べている。ここでとくに注目したいのは、「諸法令も無之異国之様」としているところである。

法治国家を徹底する

利敬は、文化元年（一八〇四）、「徒党・騒訴」を企てる者がいれば、従来どおり「理非ニか、わらす」取り調べて「頭人は重御仕置」に処すことを触れているが、四品昇進後の文化五年には、「刑罰は国政を輔るの大要」との考えのもとに評定所を設置し、刑罰の先例集である「文化律」（岩手県立図書館所蔵）の編纂を指示している。さらに、国持大名に昇格した後の文化七年には、百姓が徒党して出訴に至れば「御吟味之上頭人死罪」とするのが「前例」だとしながら、強いて「前例ニも」かかわらずに評定に委ねるべきだとして、「理非」を問う「評諚」を重視する姿勢へと転換を図っている（「雑書」）。

利敬が四品昇進を幕府に願い出た理由は、藩主の権威を高め、「国政之助」とし、「教訓之根元」を厚くして、「領内鄙俗」と「至愚之人気」を改善し、領民を「御令条」で教え導くためであった。まさに、権威上昇を背景に、「眉はらい」は「領内鄙俗」を「日本一統之風儀」に改める象徴的政策として断行されたのであり、「評諚」重視は、「諸法令も無之異国之様」である有様を改め、法治による「国政」を行うことを明確に示すものであった。

こうした一連の動きには、「雑書」文化五年八月一日条にみられる、「惣て御小家之風儀ニ似寄候類は　思召入ニ応不申、御家柄御不相当」であり、「随て縦令是迄之仕来ニても追々御取直可被成」という思いがあったと考えられる。つまり、四品昇進を果たし、さらに高直しを求め家格上昇を図る利敬にとって、「是迄之仕来」であっても「小家之風儀」は「取直」されるべきものであり、南部家の新たな「御家柄」に相当の「御国之風儀」をつくり出す必要があったのである。

高直しを見据え、「御家柄」にあわせようとする動きを「雑書」にみると、四品昇進直後の文化二年（一八〇五）、利敬は、「隣国」で国持大名の仙台藩伊達家・秋田藩佐竹家の藩主などが用いている屋形号（「屋形様」）を用いるようになり、「諸家ニ而も国持は勿論之事、外ニ而も内和之事は国と唱候様子」として、国許を「御在所」ではなく「御国」と唱えさせている。文化五年には、「公用御太切之事とハ申なから往古より之御家法も有之儀ニ候間、一筋ニ　公用而已重く存、深勘弁不仕取計候てハ、御国之御為ニ不相成（幕府の役目は大切なことではあるが、以前から盛岡藩の法令もあることだから、ひたすら幕府の役目ばかりを重視し、藩の政策をよく考えずに行っては、盛岡藩という御国のためにならない）」と申し渡して、幕府に対する盛岡藩という「御国」の自立性を誇示してみせ、さらに仙台藩と接する「花巻城地」は「境目枢要之場所」で「武備之心懸薄様ニては隣国之響も不宜」として、「国威」を「城附武器」で示している。

新たな「御家柄」を知らしめる

そして国持大名になった直後の文化六年には、江戸との往来の際の「御家中荷札」に「南部家中何之誰」ではなく「盛岡何之誰」としたためさせ、町人・百姓にも商売の諸証文や伊勢参宮の際に用いる傘・揺器などに「奥州盛岡何郡何町何村誰」や「奥州盛岡何屋誰」としたためさせている。「盛岡」に変更したのは、侍従となり国持大名になった利敬に発給される将軍からの礼状である御内書の宛名が、「南部大膳大夫とのへ」から「盛岡侍従とのへ」になったことを受けたものだろう。「諸国」に「御家柄」の変更を知らしめる手段として、「御国」（藩領域）を越えた人・物の移動を利用したのである。文化九年、仙台藩主の呼称を「陸奥守様」から「仙台様」と唱えるよう内々に指示したのは、「盛岡」、「仙台」とすることで、同じ国持大名であることを誇示する意図があったのだろう。

城下の見栄えをよくする

「御家柄」にあわせた「御国之風儀」づくりは、城下盛岡のあり方も変えた。「雑書」の記事から紹介すると、文化九年（一八一二）、「近代は諸国共ニ一統人気も開ケ、往古之風儀とハ都て事替候之事故、已来世上ニ打替候異風之祝等ハ験迄ニ手軽く相祝候様可致」として、「年頭祝儀」、

「増年祝儀」、「小正月」に変更を加えている。「諸国共ニ一統人気も開ケ」ているなか、「御国」の「往古之風儀」、「異風」や「至愚之人気」を改めることは緊急課題だった。翌年には、「端午昇立候儀は天下一統之祝之事」として端午に幟を立てさせている。また、火事が起こると「所之衰微」となり「歎敷事」であり、「其上　公辺・他国之聞得」もよくないとして、「防方之者」を置いて防火体制を整備した。さらに、同十一年には、町家については「かさり二も相成候間、二階造り拵いたし、屋根高く致可申」として、町並の見栄えを演出し、「諸賑ひ向兼て御差留」としていたのを「至て淋しく」思い、「御城下賑ひ」を取り戻している。そうした効果は、城下盛岡に「小うた流行いたし、辻踊」が所々でみられるという形で早速あらわれている。「古風立戻り、万端質素」を求めていた姿は、すでになくなっていた。

利敬の藩政を考える

以上にみられる利敬期の盛岡藩の「国政」と風俗統制の動きは、「藩国家意識」の高揚をみる守屋嘉美によって、「江戸文化への模倣」による「文化的水準の平準化」と位置付けられ、その後、「江戸化」の実態については、当時の「社会状況」に注目して論じた小林文雄によって深められた。また、「眉はらい」などの風俗統制については、菊池勇夫と浪川健治が、この時期の「異国」ロシアの接近と蝦夷地警衛との関係を指摘し、「異風」＝「夷風」の排除として注目されてきた政策である。

いずれも的確な指摘であるが、一連の動きを断行させる根拠となり、決定的に加速させた要因が、十八世紀中期以降の「外聞」偏重ともいうべき傾向と、四品昇進からさらに国持大名に昇格するという盛岡藩南部家の新たな「御家柄」に相応しい「御国之風儀」をつくりあげ、「外聞」に恥じないものにすることであった事実を強調したい。

国持大名は幕府から一定の独立性を保ちながら、「御国」独自の支配体制を構築していたが、俄に国持大名になった利敬が、新たな「御家柄」に相当する「御国之風儀」をつくるには、「他国」から「笑われ」るような、従来の「国風」、「古風」、「異風」、「夷風」、「小家之風儀」を改める必要があった。その際に選択されたのが、江戸時代をとおして「当風」を生み出し、「将軍之御下」で「万事結構」な「江戸」を模倣し「人気」を開くこと、それが「江戸化」であり、国持大名に相応しく振る舞い、国持大名の「御国」として実態あるものにつくり上げること、それが利敬の「国政」に顕著にみられる「藩国家意識」と捉えたい。もちろん、諸氏が指摘する盛岡藩を取り巻く「社会状況」を軽視するものではないことは、言うまでもない。異国ロシアの接近と蝦夷地警衛という新たな事態が加わった十八世紀末から十九世紀初期という時代と、当時の社会状況とのなかで選択された、藩主利敬の藩政であり、統制され形成された「御国之風儀」であった。

七　国持大名にふさわしい南部家へ

将軍に自分を重ねあわせる利済

この章では、十一代藩主南部利敬が獲得した盛岡藩南部家の新たな「御家柄」を引き継いだ十二代利用と十三代利済の治世についてみていこう。

利用の治世については、不慮の事故で藩主利用が亡くなり、南部家存続の危機に直面しており、利済の治世には、十一代将軍で隠居したのちは大御所として力を握った徳川家斉のもと、歴代藩主ではじめて少将に昇進しており、家格の上昇が南部家のあり方をまた大きく変えていく。そこで、はじめに利用と利済について紹介しておこう。

1　二人の藩主利用と「御国」の自立性

十二代藩主南部利用

実は利用は二人いる。一人目の利用は、江戸藩邸の庭で遊んでいたところ木から落下して、しばらくして急死したと伝えられている。二人目の利用は、その替え玉となって藩主となった利用である。ともに幼名を駒五郎といった。

一人目の利用は、文化四年（一八〇七）十二月に盛岡で生まれた。幼名は駒五郎（のちに吉次郎）。子に恵まれなかった利敬は、御家門の三戸信丞（中屋敷）と利敬の妹年とのあいだに生まれた利用を養子に迎え、嫡子とした。そして、南部家の新たな「御家柄」にあわせて、利用は「御曹司様」と呼ばれ、文政三年（一八二〇）六月に利敬が没すると、同年九月に藩主に就任した。しかし、翌年には、先に述べたように亡くなってしまう。享年十五、法号を常孝院（延命地蔵尊）といい、聖寿寺に葬られた。

二人目の利用は、御家門の三戸信浄（新屋敷）の三男で、享和三年（一八〇三）に盛岡で生まれた。幼名は善太郎。信丞の子駒五郎が利敬の養子となって藩主に就任すると、善太郎が信丞の養子となって駒五郎と名乗った。しかし、一人目の利用が亡くなったことから、その替え玉として藩主となった。この年、従四位下に叙し、大膳大夫に任じられた。

利用の治世には、文政四年、いわゆる相馬《そうま》大作《だいさく》事件が発生している。盛岡藩南部家とは因縁の間柄である弘前藩津軽家との家格に関する鬱憤が、下斗米《しもとまい》秀之進《ひでのしん》（のちの相馬大作）を突き動かすことになった。前年に藩主に就任した利用は、位階が従五位下で官職は無官、それに対して、蝦夷地警衛で加増を重ね、家格を上昇させていた弘前藩主の津軽寧親《やすちか》は、位階が従四位下で、官職は侍従に任官しており、盛岡藩は国持大名だが、両者の官位だけを比較すれば、盛岡藩南部家と弘前藩津軽家は逆転していたのである（表2）。

表2　盛岡藩南部家と弘前藩津軽家の家格

	（盛岡藩南部家）	（弘前藩津軽家）
文化元年	利敬：四品（従四位下）昇進	寧親：従五位下　無官
文化二年		七万石に加増
文化五年	二十万石に加増　侍従任官	
文化八年		十万石に加増　四品昇進
文政三年	利用：従五位下　無官	侍従任官

南部家の存続に大きくかかわる利用の替え玉事件と相馬大作事件だが、家老席日記「雑書」は、文政三年から同六年が欠本となっており、盛岡藩がどのように対応したのか、藩の公式記録から読み解くことができない。このことは非常に惜しまれる。

図26　南部利用　もりおか歴史文化館所蔵
二人いる利用のうち二人目の利用

利用の治世については、利敬の治世に新たな「御家柄」にあわせた南部家がつくりだされたが、利敬の没後は「古法」に立ち戻ることが宣言されている。二人目の利用は、文政八年に江戸に上ると、病を重くし、江戸で亡くなった。享年二十三、法名を養徳院といい、東禅寺に葬られている。

十三代藩主南部利済

利済は、九代藩主利雄によって廃嫡された利謹の子として、寛政九年（一七九七）に盛岡で誕生した。母は石原氏（清鏡院）。利謹が亡くなると盛岡の願教寺で剃髪して、浄祐と号した。二人目の利用の命により還俗して三戸修礼と名乗り、文政四年（一八二一）には南部の称号を許されている。文政八年に利用が没するとその跡を継ぎ、同年に従四位下信濃守に叙任している。また、実名を信親から林大学頭が考案した利済に改めている。文政十年には侍従に任官し、翌年には高崎藩主松平輝延の娘雅を正室に迎えている。

利済は暴君として知られ、「放埒」や「普請好み」など、彼の施策などは常に厳しい批判にさらされるが、彼の治世の前半期である文政・天保年間については、天保飢饉に見舞われ、幕府から御用金を課されるなか、質素倹約に努め、藩財政の立て直しに注力する姿もみせている。また、目安箱に民衆が投書しやすくしたり、家中の者たちからの意見書にも目をとおして対応したりするなど、積極的に藩政に臨んでいる様子がみられる点は注目すべきだろう。のちに藩主利剛によって罷免される家老の横沢《よこざわ》兵庫《ひょうご》は、利済の側近としてとくに評判が悪いが、財政再建に奔走する姿をみることもできる。

しかし、少将に昇進する天保十年（一八三九）を境として、利済の治世のあり方は大きく変化する。またも南部家の家格の変化が、盛岡藩南部家のあり方を規定したといってよい。自らを将軍と重ねあわせるようなことをするほか、藩政においても弘化・嘉永と二度の三閉伊一揆を引き起こさせることになる。弘化の一揆の後には嫡子利義に藩主の座を譲るも、藩の実権を握り続けて、利義をわずか一年で隠居させ、利義の弟である利剛を藩主に据えて、引き続き藩政を執った。嘉永の一揆の後は「常々行跡不宜不慎」と幕府に咎められ謹慎の身となり、安政二年（一八五五）に亡くなった。享年五十九で法名を霊承院といい、聖寿寺に葬られる。

図 27　南部利済　もりおか歴史文化館所蔵

「御国」の自立性を示す利用

さて、文政三年（一八二〇）の利敬の死後、若い利用が藩主に就任すると、利敬主導の藩政や、新たな「御家柄」にあわせた「風儀」の改変に対する譜代門閥層の反発から、人事が一新され、「以来往古より御代々様御据被置候御規定ニ基キ」それぞれ「御用」を取り計らうことが求められ、「万端古法ニ立戻、質素」を旨とするようにと宣言されている（「御家被仰出」もりおか歴史文化館所蔵）。そのため、「古法」に戻された結果、「都て御領分中新た成義皆如元」（『内史略』）という状態になったという。

しかし、すべてが「古法」に戻されたわけではなく、利敬が実現した新たな南部家の「御家柄」は堅持されてもいた。たとえば、利用も屋形号を使用したし、「国威」を示す「境目枢要之場所」の花巻は、利敬が変更したとおり「郡代」ではなく「城代」との呼称が踏襲されている。さらに、利用が亡くなる文政八年の「雑書」の一月二十一日条には、

御領分之儀、公辺之外は御国と相唱候様先達て御沙汰被成置候処、御並方御振合ニ准シ、向後　公辺向へ対候節共ニ都て御国と相唱候様被　仰出、

（口語訳）

盛岡藩領のことについては、幕府以外には「御国」と呼ぶようにと先に指示していたが、ほかとの釣り合いも考えて、今後は幕府に対する場合でも「御国」と呼ぶように。

とあって、幕府のほかには「御領分」のことを「御国」と呼んでいたが、今後は幕府に対しても使用させるなど、家柄にあわせて一段と強化している。幕府に対して盛岡藩という「御国」の自立性を、利敬の治世よりもさらに踏み込んで示したといえよう。

二人目の利用の死

このように、藩の自立性を示しはじめた二人目の利用は、文政八年（一八二五）三月に遠出をして鶯宿《おうしゅく》温泉で湯治し、四月になって城に戻り、参勤交代で江戸にのぼる際の慣例である家老の桜庭邸に「首途」として訪問したが、四月下旬から五月中旬のうちに出立する予定を延ばして、五月下旬から六月中旬の出立予定とし、道中の行程も十五日から十六日に一日延ばしている。そして六月に出立しようとしていたところ、八戸藩領沖に「異国船」が出現したため、さらに延期となり、七月二日にやっと江戸にむけて出発した（「雑書」）。

しかし、出発当初から体調を崩していた利用は、宇都宮宿から悪化させ、七月十六日に江戸に到着したときには、食事の量は減り、歩行も困難になっていた。翌日には脈も弱まったという。そして、八月になって江戸では、「雑書」八月二十八日条に、

一屋形様御病気御差重候処、未御男子不被成御座候付、万一之儀も被為有候ハ、南部修礼様御儀、御家御相続之儀御願上被成、尤　雅姫様御養女ニ被成御娶合被成度旨共ニ御願書、去ル十九日御用番青山下野守殿へ御差出被成候所御請取被置候旨、江戸より申来之、

（口語訳）

利用様が病気を悪化させており、男子がおりませんので、万が一の場合には、南部修礼（＝利済）に相続を許可していただきますように、また、雅姫様を利用様の養女として、修礼との結婚を認めていただけますように、このことについての願書を、月番老中の青山下野守に提出したところ、お受け取りいただけた、と江戸から報告があった。

とあるように、利謹の子の修礼（＝利済）に相続させることと、高崎藩主松平輝延の娘雅を利用の養女にしたうえで修礼と結婚させること、この二点を幕府に願い出た。なお、修礼の相続については、「御親類様方」を招き相談してもいる。

そして、八月二十日に利用は亡くなり、利済は江戸にのぼってお目見えし、盛岡藩南部家を相続して、十三代藩主になるのである。同年、従四位下に叙されて信濃守となり、同十年には侍従に任官している。いよいよ利済の治世の幕開けである。

2　暴君利済の素顔

利済の評価

ところで、この利済は、三代重直とならんですこぶる評判が悪い。森嘉兵衛の『岩手県の歴史』では、「南部藩政最悪の時代」と酷評され、さらに「藩主利済は放埒で藩の財政に頓着なく浪費し、

英才を嫌い巧言怜色をとり、派閥をつくって争わせ、藩札を濫発して金融恐慌をおこし、支払猶予令をだして庶民生活に損害をあたえ、自分の子利義が英才であるのが気にくわないとして毒殺しようとしたり、幕府から再三忠告を受けながら藩政を乱した」とさんざんな評価である。

明治時代に編纂され、今も盛岡藩の歴史をまとめた古典的な書籍として、多くの方に読まれる『南部史要』も、「公（利済）性英敏にして画策に富み、諸般の事自ら計画して自らこれを実行す、殊に武事に心を用ひ、茨島において屢調練を行ひ士気を鼓舞せるのみならず、（中略）海岸の防備を厳にす、文事の方面においては儒者をして城内中及び明義堂に経書を講ぜしめ、（中略）また藩医八角高遠、飯富了伍、大島周意等に学資を給与して京都及び江戸に遊学せしめて医術の普及を計り、その他新田の開墾山林の増殖等を奨励し、殖産興業上治績の見るべきもの少なからず」として、評価すべき点も多くあることを指摘したのち、「されど公が兎角計画の壮大華美なるを喜べるため、勢ひ奢侈に流れて国用濫費の弊あり、遂に幕府の叱責を受くるに至りたるが、それ以前近臣中よりも公の行を非としてこれを諫むるものなきにあらざりしも、却て公のために説破せられて屏息するを常とす、（中略）以て公が凡庸の器にあらざりしを見るべし」として、功罪のうちの「罪」にあたることが列挙されてもいる。

こうした負の評価は、幕末くらいにはすでにみられたようで、たとえば、成立年代未詳ながら「天保風説見聞秘録」（『未刊随筆百種』）には、

右信濃守利済代、金紋挟箱長刀御免、本国持并官少将ニ進ミ、打上腰網代之駕籠御免、大花奢ニ募り、国民を悩し、終ニ百姓一揆トなり、隣国之厄介を懸、其ケ条ニ而押込蟄居被仰付、牢獄同然之座鋪ニおゐて狂ひ死卒ス、嗚呼天成哉、罰なる哉、慎べくハ奢也、穴賢、

として、利済の治世に南部家の家格が上昇し、華美を好み、領民を悩ませて、ついには仙台藩に越訴《おっそ》した三閉伊一揆が発生して蟄居させられ、「狂い死」した、とあり、これは天罰だ、とまで述べられている。

しかし、先に紹介したように、利済の藩政は、少将に昇進する天保十年（一八三九）をおよその境として、その性格を大きく変化させている点に注目したい。少将昇進以前の利済については、家老席日記「雑書」が天保十一年まで残されており、すべて刊行されて、記事を縦横に見渡せるようになったことから、改めて再検討可能な環境にある。

質素倹約を求める利済の姿

利済といえば、「あまりにほうらつ《（放埒）》」や「至て御普請好」とあるように、やりたい放題、華美な普請などで浪費、といった評価が根強く、また、天保六年に発行した藩札の七福神札が、かえって経済に混乱を招いたとして、ひどく評判が悪いが、少将昇進以前の天保年間の「雑書」を通読すると、質素倹約に努め、財政再建に奔走する利済の姿が浮かび上がってくる。その記事をいくつか紹介すると、たとえば天保四年二月五日条には、

前々御倹約就被　仰出候、諸事致質素可申、着服之義は、兼て御沙汰被成候通、銘々相心得身分ニ応、着用致可申候所、自然と相弛ミ、数人之内ニは心得違之者も有之哉ニ相聞得、不埒之至ニ候、

（口語訳）

前々から倹約を命じており、すべて質素に努め、服装などは、以前からの指示どおり、それぞれ身分相応にすべきところ、次第に緩みが出て、分不相応な服装をする心得違いの者もいると聞いており、不埒なことである。

とみえ、「質素」を求める利済の姿があり、さらに、天保六年閏七月二十五日条には、

此節厳敷御取締中ニ付、銘々諸事質素ニ心懸、衣服并馬具等も何分有合之品相用ひ見苦敷分ハ不苦候之間、背て花美を取飾申間敷、弁当等も兼々被及御沙汰候通、空腹を凌候迄ニ煮〆・香物ニ限り持参可致、

（口語訳）

倹約を敢行しており、それぞれ質素をこころがけ、衣服や馬具はありあわせのものを用いて、見栄えがよくなくても支障ないので、倹約に背いて華美な装飾を凝らしてはならない。弁当なども、これまで指示してきたよ

うに、空腹をしのぐための煮しめや香の物に限って持参しなさい。とあって、「見苦敷分ハ不苦」と「外聞」を気にせずに倹約に努めるよう求め、弁当のおかずについてまで言及する徹底ぶりであった。

倹約のほかにも、「雑書」から着目すべき記事を紹介すると、「蚕之儀は専産業之助ニて往々御国益ニも相成候」(天保二年二月二十五日条)との考えから養蚕に力を入れたり、「御領分中畑返可相成場所数多有之」(天保四年一月十八日条)として、新田開発に努めたりもしている。また、「惣て下民御救之儀は御国政御専務」として、政務に励み百姓たちが帰服する代官らを褒賞している。このほか、江戸での遊学が多くの者に認められ、人材育成にも努めている。従来の利済に関する評価では、こうした姿は、いわゆる「功罪」の「罪」に覆われていたが、利済の治世を再検討するうえで、やはり注目されるべきだろう。

天保七年の一揆

利済が倹約に励んだ背景には、天保三年(一八三二)に幕府から上野位牌所普請費用として三万両を課せられたほか、翌年から盛岡藩の四大飢饉(元禄・宝暦・天明・天保)のうちの天保飢饉が発生したことも挙げられる。盛岡藩の飢饉については、江戸への廻米《かいまい》が及ぼした影響を指摘するほかに、藩主の個人的な資質や失政を過度に強調して批判されることもあるが、江戸時代は地球規模で小氷期にあたり、そのなかで温暖期と寒冷期とが交互にやってきて、寒冷期には凶作・飢饉に見舞われている。盛岡藩領は、米作りにおいては厳しい自然環境にもあったから、この点も踏まえた議論が必要だろう。

天保飢饉が発生すると、利済は米の流通を促し、城下の寺院に御救小屋を設けるために施行奉行を任命している。そして、「近頃下民ニ至迄古代質素之風俗自然と相衰、食料・仕付之貯迄も甚薄く、剰可及飢渇義不安事」として「公辺(=幕府)へ相拘候事迄も省略」して厳に倹約に努めることを宣言している(天保四年十一月二十二日条)。代官たちには、困窮する百姓に対し「深切に世話」するように説くとともに、「困窮之御百性共聊たり共郷割等ハ決て相扣、殊ニ手軽ニいたし、一切物入等相懸不中様心懸ケ」るように伝えて、代官は自ら「丸飯」を持参して廻村《かいそん》をするようにと命じている（天保五年三月二十二日条）。このほか「非常凶作之備米貯候儀は古今治乱共ニ国家之急務」としながら、藩主就任以来、十分に貯えることができていなかったことを反省し、「非常之備は予防ニ無之候ては全く不相済事」として、「領分中余糧之貯」に努めるよう役人たちに命じてもいる（同年九月二十六日条）。

飢饉への対応のほか、藩財政を立て直そうと、「外聞」にこだわらずに厳しい倹約を奨励し、さらに「近年御国中銭不足ニて融通不宜一統致迷惑候」（天保六年十月二十五日条）との認識から藩札の七福神札を発行している。しかし、この藩札の発行は混乱を招き、領民の藩に対する批判が高まるなか、天保七年から翌年にかけて一揆を招来することになった。この一揆で注目されるのは、仙台藩と境を接する黒沢尻通代官所管内の百姓たちが、仙台藩の役人に「御預地」にしてほしいと越訴していることである。仙台藩への越訴といえば、このあとに発生する嘉永の三閉伊一揆がよく知られているが、それより以前にすでに越訴が行われていたことは注目される。その願書（『北上市史』）を紹介すると、

乍恐奉願上候事、

一、盛岡領和賀郡黒沢尻御百姓共、巳ノ年より重々飢命相成候ニ付、御上様之御手当も無御座候間、困窮之小百姓とも飢命ニ及候ニ付、乍去御当国江罷上り御助請ニ預り申度奉願上候、尚又仕付夫喰無之、種籾等一円無御座候間、小百姓とも至而迷惑仕候、何卒御助ケ被下度奉願上候、乍去拙国屋形様江奉恐入候得共、御当国之御預地ニ被成下候様奉願上候、左様無御座候得ハ、御百姓共相続可申様無之候間、乍恐右之段願之通被仰付被下置度奉願上候、已上、

天保八年正月十五日

盛岡領黒沢尻通り惣御百姓

仙台領御役人様

（口語訳）

盛岡藩領の和賀郡黒沢尻通の百姓たちが、天保五年から飢餓に苦しみ、盛岡藩主の利済から施しもないので、困窮した零細な百姓たちは餓死するまでになっていることから、仙台藩領に越境してお助けいただきたく願い上げます。農業に用いる米も食料の米もなく、種もみなど一切ありませんので、零細な百姓たちは困り果てています。どうかお助けください。盛岡藩主の利済には恐れ入ることですが、仙台藩の御預け地にしてください。そうでなければ、百姓たちは生きていくことができないので、我々の願いを聞きとどけていただきたく、お願いいたします。

とあって、百姓たちの悲痛な叫びが記されている。利済がいくら倹約を促しても、それでは対応できない状態にまで、天保飢饉下の領民は追い詰められていたのである。

目安箱を用いる利済

このように、天保七年（一八三六）に仙台藩領に近い領南部で大規模一揆（「南方御百姓共騒立」）が発生すると、利済は「願向等も有之候ハ、御聞届被成候ため」に、家老の毛馬内典膳を花巻城に派遣するとともに、代官には、訴えたいことがあれば「少人数ニて隠便ニ」申し上るようにさせよ、と伝えて、領民の要求に耳を傾けようとした（「雑書」十一月二十九日条）。

さらに、「雑書」同年十二月七日条によると、利済は大規模一揆の発生を受けて、これまでも設置していた「目安箱」を、投書しやすいところまで出して、「願向有之者は自ら右箱へ入置可申」として、「目安箱」（「訴状箱」とも記される）を活用して領民の意見を受け止めようとしてもいたのである。設置場所が「他領者ともニ往来繁キ御場所」であったことから、役人たちはどうしたものかと考えたようだが、「他領者等見聞候儀何之差支も無之」として、ここでも「外聞」を気にせずに、領民の意見を聞く姿勢を示したのである。「目安箱」に投書すべき内容として高札に記されたのは七ヵ条であり、①藩主のためになること、②領民が困っていること、③役人の贔屓によって罪を着せられた場合、④役人の不正や放漫さなどを見聞きした場合、⑤上役に伝えるべきことを放置している場合、⑥家中も領民も素行のよくないものがいた場合、と具体的に示した後、⑦人びとにとってためになることで思いついたことがあれば遠慮なく申し上げよ、検討したうえで対応しよう、と締めくくっている。

この目安箱の効果については、「銘々我儘之事共、或戯同様之事書付差入、剰諸役人進退之事等、過当之申上方不届至極（わがままなことや、たわむれ同然のことが投書され、役人の処遇に関しても、分をわきまえない投書があり、とんでもないことだ）」（「雑書」天保八年一月二十三日条）とあるように、利済が期待したような投書はなされず、その年のうちに元の場所に戻され、高札も取り払われる結果に終わっており、失敗に終わったことが紹介されてきたが、一揆の発生からとおしてみてきたとき、利済による「目安箱」の設置の意義は、改めて検討されるべきだろう。

もちろん、失敗に終わったことについて、そこに、この時期の藩の権威や藩主の威光の後退を読み取ることもできるだろう。利済の努力とは裏腹に、領民の多くが藩主への期待を失っており、先にみたように、盛岡藩による「御手当」（＝御救い）をあきらめて、仙台藩の「御預地」になることを望む領民を生むことになった。

大矢勇太の意見書

なお、利済による藩政を「苛政」と批判し、御代始めに行われた「仁政」を施すように、との意見書を（『内史略』）、目付で「御倹約御用」と「御救方御用」を命じられていた大矢勇太が提出すると、大規模一揆発生の最中の天保七年十二月、利済は「奇特之至御満足」として、次のように述べている（「雑書」十二月十九日条）。

下々困窮を深相考候得は、我等不自由いたし候抔は物之数ニも無之、実ニ及落涙候次第ニ候、一衣を脱候ても救助いたし度事ニ候得共、連年之不作、中々手当も行届（兼脱ヵ）、却て下之財宝を借上、漸々　公務を整、剰諸役人之中ニも心得違之者も有之、非道之扱等之ため下々迷惑ニおよひ候之類、必竟我等政事不行届之処より

起候事ニ候、

（口語訳）

領民の困窮のことを思えば、私（＝利済）の不自由などは大したことではなく、実に涙が出てくる思いである。衣服を脱いで与えて困窮する領民を助けたいが、連年の不作でなかなか手当も行き届かず、かえって領民に税金を納めさせ、どうにか藩政を執っている。役人のなかには心得違いの者もおり、非道の扱いを受けて領民が困っているなどのことは、結局は私の政治が十分ではないことから起こっていることである。

このように、利済は自身の政治について反省の弁を述べている。ただし、「苛政」と批判されたことについては、「苛政といわれることは承服しかねる。苛政とは用金等を課したことであろうか。では、何のための用金なのか。奢侈放蕩のため、民を虐げるためだろうか。いや、そうではない。このことについては、聞き捨て置くことはできない」と述べて、反論もしている。懸命に藩政に専念しているからこその反論だったのだろう。

3　大きく変化する藩主利済の政治

利済の不満

利済は、倹約に努め、経済対策として藩札を発行し、一揆が発生すれば家老を派遣したり目安箱を活用したりして百姓の要求を聞く姿勢を示したが、藩札については、飢饉でうまくいかず、「正金銭同様」に通用するよう追加の措置をとったが、「不心得之者」が「雑説」を流して「銭札御差留」がうわさされるなどし、その一方で、目安箱を活用しても「我儘」や「戯同様」の訴状が投函される状況だったことから、次第に不満を募らせていったようである（天保八年一月二十三日条）。城下には「落書」もあらわれ、家中のあいだにも広まり、処罰される者もいた（同年一月二十七日条）。

利済としては、領民に寄り添う姿勢をみせたにもかかわらず、領民の「不埒」な行為によってうまくいかず、さらに家中にも弛緩がみられる状況から、態度を硬化させ、家中と領民に厳しく臨むようになり、身分秩序の回復を図るために、「失敬之者」を取り締まり(同年一月二十八日条)、作法の「厳格」化を図っている(二月四日条)。

そして秋には、藩の重臣である毛馬内大隅をはじめ諸士を処罰するとともに、一揆を主導した百姓らを「打首三日獄門」を含め、多くの者を「追放」刑に処している。さらには、強訴・徒党・逃散や打ちこわし・狼藉について、主導者である「頭人」はもちろん、それに準じる者まで「磔・獄門・打首等、科之軽重」によって厳しく処罰するとしたうえで、「頭人」がわからなかった場合は、村役人だけでなく、素行不良の小百姓まで「鬮《くじ》」を引かせ、「一ケ村弐人宛頭人同様之御仕置」にするとしている(十月二十九日条)。

勧善懲悪の徹底

こうした利済の姿勢は、横沢兵庫が「最早御改革之時節」として経済対策について意見書を提出した際、その回答として、「第一国民撫育、第二主法改革、第三約を用ひ候改革之主法を補佐するの法則」と述べたうえで、「勧懲之道厳なるより行れ候」との認識から、横沢に「勧懲之儀は我等胸中ニ預候条、改革之主法取調へ可申」と伝えていることにあらわれているように思われる(十二月五日条)。すなわち、利済の進める改革を推進する者には恩賞を与え、改革を邪魔する「不埒」「不心得」者には厳罰を下すといった、「勧善懲悪」の徹底を図ったのである。そういう意味では、利済の藩政を読み解くうえで、天保八年(一八三七)もひとつの画期といえそうである。

横沢兵庫については、大坂詰めとして財政再建で成果を挙げ、家老にまで上り詰めた人物で、のちに利済の側近として批判を強く受けることになるが、それは、彼の私利私欲というよりも、側近として利済に影響を与える存在であったことによるものだろう。

なお、この横沢兵庫の邸宅に、天保十一年五月二十七日の夜、「御国家之御為筋」と書かれ「忠告之ケ条」がしたためられた無記名の「投文」があった。七月十一日夜には、京都から下っていた新宮涼庭《しんぐうりょうてい》の旅宿にも「無名之封書」が投げ込まれた。これらを聞き及んだ利済は、志願などがあれば、印封をして当番の老中に差し出すように命じているのに、このような行為は「失敬」であり、「武士道ニ不似合」で「卑怯之至」だと激怒し、とくに無記名であることについて、「忠義之士隠滅致候儀歎ケ敷」と嘆いている（「雑書」天保十一年七月十三日条）。平戸藩主松浦《まつうら》静山《せいざん》の随筆である『甲子夜話《かっしやわ》』には、利済を知っている僧から聞いた話として、「帰俗の後もとかく以前の禅機を持して、戒行厳粛なり」と記されているが、まさに「勧懲之道」を「厳格」に行った、「厳粛」な利済の人柄があらわれていよう。

南部家の家格上昇

このように天保八年（一八三七）からは「勧懲」を「厳格」にする利済の姿をみることができるのだが、さらに同十年十二月、盛岡藩主としてはじめて少将に任官すると、利済の藩政は、さらに大きな転換期を迎えることになる。

実は、少将に昇進する同十年にはすでにその変化の兆しがあらわれており、「幾重ニも質素を心懸、兼て被　仰含候通、仮令古来より之御仕来ニても、御為ニ不相成向ハ急度及改革、御永続之御主法取調之儀、誠精不相弛様、愈可為励勤（よくよく質素に努め、以前から言い含めているとおり、たとえ古くからの仕来りであっても、藩主や藩政のためにならないことは必ず改め、永く基盤となる方法を見出すことに努めよ）」（「雑書」二月二日条）として、「古来よりの御仕来」を「改革」すると述べており、それは早速、呼称の変更にあらわれ、「殿様」を「大守様」、「若殿様」を「若大守様」、ふたりをあわせて呼ぶときは「両大守様」とすることにしている。さらに藩主の動作についても、「達　御聴」を「達　上聞」、「御意」を「上意」などと改めている（「雑書」二月二十三日条）。

そして、少将に昇進したのちは、利済は「少将様」と呼ばれるようになり、「少将様・　若大守様御出之事、都て　御成」と称するように命じてもいる（「雑書」天保十一年六月朔日条）。この「名目改」（『内史略』）のうち、「上聞」、

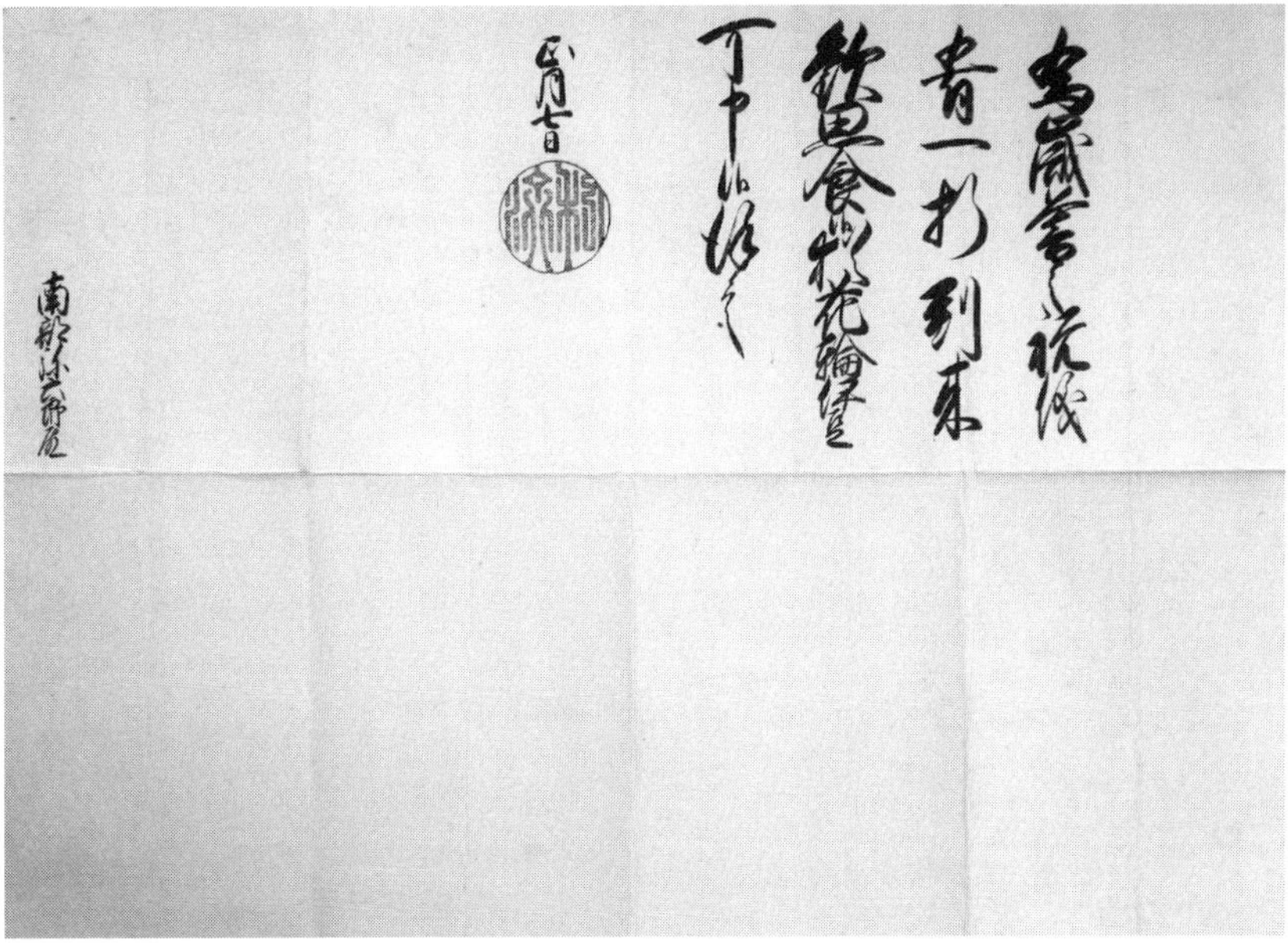

図28　南部利済黒印状　東京都府中市東郷寺所蔵

「上意」、「御成」などは、明らかに将軍に使われる文言を意識したものだろう。

このように、少将に昇進した利済は、将軍を強く意識し、次第に自身と将軍とを重ねあわせていく。そのことは、利済が発給する文書にもあらわれる。

家格上昇にあわせた文書の変化

将軍は端午・重陽・歳暮に大名から衣服が贈られ、それに対する礼状である「御内書」を発給している。「御内書」の料紙は、天下人豊臣秀吉がその権力を示すために好んで用いた、大型（約四六チセン×約六六チセン）で厚手の大高檀紙《おおたかだんし》と呼ばれる和紙で、徳川将軍も継承してこれを用いたことから、まさに天下人の料紙といえるものである。これを真ん中で折った折紙の形態を採り、日付の下に将軍の黒印が押され、黒印状として発給されていた。

諸藩でも藩主が家中の者に発給した節季礼状はみられるが、その多くは将軍権威にはばかって、「御内書」とは料紙や書式などに差異を設けて発給している。しかし、盛岡藩の歴代藩主は、端午と歳暮に、料紙こそ奉書紙を用いており違いがあるものの、形態は折紙、日付の下には黒印（官職＋黒印もあり）、そして「御内書」と文言もほぼ同じくした礼状を、「高知」と呼ばれる重臣や側近である御用人ら限られた者に発給している。しかも、十八世紀には「御内書」とも呼んでいた。

これを仮に「藩主御内書」と呼ぶことにすると、歴代藩主は段階的に、「藩主御内書」を、より将軍発給の「御内書」に酷似させていっている。たとえば、料紙の大きさでいえば、三代重直以来、大奉書（三六チセン×五四チセン）であったが、九代利雄以降、大広奉書（四四チセン×五八チセン）と大型化している。黒印については、三代重直が直径約三チセンと小柄の印を用いていたが、六代信恩は直径約四チセン、九代利雄は直径約五チセンと大きくなっている。ちなみに歴代将軍の黒印の直径は約五チセンだから、この時点で将軍の黒印と大きさは並んでいるが、十一代利敬は直径約五・五チセンと将軍を上回っている。

将軍と自身とを重ねあわせる利済

そして、利済は、はじめ大広奉書を用い、日付の下に「信濃＋黒印」としていたが、少将に昇進して天保十一年（一八四〇）からは、天下人の料紙である大高檀紙を用い、日付の下には黒印のみと、将軍が発給する「御内書」と同じ「藩主御内書」にして発給していた（図28）。しかも、黒印の大きさでいえば将軍を上回る直径約五・五チセンだから、将軍を超えた「藩主御内書」の発給である。利済はいよいよ自身と将軍とを重ねあわせ、黒印でいえば凌駕してもいる。

盛岡藩の場合、国持大名へと昇格した新たな南部家の家格にあわせるように、近世後期になって藩国家意識が強まった。将軍権威をあらわす文書である「御内書」と同じ料紙である大高檀紙を用いた背景に、将軍権威の相対化を想定すれば、ここにも藩国家意識の高まりをうかがうことができるのではないだろうか。

エピローグ――幕末の混乱と盛岡藩南部家の終焉

利済による勧善懲悪の徹底は、次第に人びとに恐れられ、恐怖政治の様相をみせるようになっていく。そして、弘化、嘉永と二度の三閉伊一揆を引き起こした利済は、幕府によって江戸に蟄居させられる。この間、嘉永元年（一八四八）の利済の隠居にともない、「若大守様」であった利義が藩主に就任して「大守様」となったものの、翌年には隠居させられ、江戸にあって「大太守様」と呼ばれるが、藩政への影響力は失った。利義にかわって藩主に就任した弟の利剛は「大守様」となるも、「少将様」である父の利済が、蟄居させられるまで藩の実権を握り続けた。

そして、利済が蟄居して病気を悪化させ、安政二年（一八五五）には没するが、こうしたなか、利剛はいよいよ藩主として自ら藩政を主導する。その後、幕末の混乱のなか、奥羽越列藩同盟に加わった盛岡藩は、最後まで戦って降服する。利剛は隠居を命じられ、その跡を継いで最後の盛岡藩主となった利剛の子利恭は、盛岡から白石（現宮城県白石市）十三万石に減転封を命じられ、白石藩主となり、盛岡藩主家としての南部家は幕を閉じる。その後、版籍奉還によって白石藩知事となり、盛岡に復帰した利恭は、盛岡藩知事に任命され、他藩より一年早く廃藩を選択し、ここに盛岡藩は終焉を迎えることになる。

本章では、利済の蟄居に至る過程と、父に隠居させられた利義、そして実質的には盛岡藩の最後の藩主となる利剛に注目してみていこう。はじめに、利義と利剛について紹介したい。

十四代藩主南部利義

利義は、藩主の座にあったときは信侯《のぶとも》と名乗っていた。利済の長男で、文政六年（一八二三）に盛岡で誕生した。母は有名な楢山佐渡《ならやまさど》の父である楢山帯刀《たてわき》の妹である。達次郎と名乗り、文政十一年には謹保《のりやす》と実名が与えられている。天保元年（一八三〇）、林大学頭に依頼して実名を信侯としている。天保六年に従四位下甲斐守に叙任した。同十三年には彦根藩主井伊直亮の養女（利用娘）を正室（若御前様）として迎えている。

利義の治世はわずか一年余りである。というのは、先に紹介したように、弘化四年（一八四七）に発生した弘化の三閉伊一揆の翌年、父利済の隠居にともない藩主に就任したものの、藩の実権はなお利済が握っており、嘉永二年（一八四九）に利義が参勤交代で江戸に到着すると、そこで隠居を勧告され、そのまま江戸屋敷にとどまることになったからである。この年に利道と改名し、同七年に利義と改めた。

江戸にあった利義は行動も次第に粗暴になったとされ、安政二年（一八五五）には、幕府から重臣らへ「厳敷取締」が命じられている（『内史略』）。利義が盛岡に戻るのは明治になってからであった。明治二十一年（一八八八）に亡くなり、享年六十六。東禅寺に葬られたが、神式で葬られたことから法名はない。

図29　南部利義　もりおか歴史文化館所蔵

十五代藩主南部利剛

利剛は、十三代利済の三男で、十二代利義の弟であり、文政九年（一八二六）十二月に盛岡で誕生した。はじめ寿之佐と名乗り、文政十一年に鉄五郎と改め、実名として謹敦《のりあつ》が与えられた。母は兄利義と同じ楢山氏。嘉永二年（一八四九）、利義の隠居により藩主に就任すると、林大学頭に依頼して実名を利剛とし、四品に叙して美濃守に任じられた。同四年には侍従となる。文久元年（一八六一）に少将、元治元年（一八六四）には中将に昇った。官職では父利済を越えた。安政四年（一八五七）には、藩主の正室としてもっとも家格の高い大名家である水戸藩の徳川斉昭の娘である明子を迎えている。

なお、末家で常府大名となっていた南部播磨守の長男で家督を継いだ丹波守信誉《のぶのり》について、安政五年に城主格とすることを幕府に願い出て許可されている。信誉は一時、のちに藩主となる利剛を養子に迎えていたこともあった。

図30　南部利剛　もりおか歴史文化館所蔵

利剛は幕末から明治にかけての盛岡藩と運命をともにした藩主であることから、その藩政と一生は波乱に満ちたものであった。弘化の三閉伊一揆で父利済は隠居し、兄利義が藩主に就任するものの、実権を握っていた利済によって、利義はわずか一年余りで隠居に追い込まれ、嘉永二年、かわりに藩主に就任したのが利剛であった。

藩主に就任したものの、実権は依然として父利済が握り続け、嘉永の三閉伊一揆で幕府から叱責を受けた利済が、安政元年に蟄居の身となり病気を患い悪化させると、やっと利剛は藩主として自立し、利済の政治との決別を図っている。利済は回復することなく翌年四月に没し、利剛の政治はいよいよ本格化することになった。

藩主として在職二十年、明治元年（一八六八）には戊辰戦争の責任を負い、領知没収、東京に謹慎となったうえで、家督を長男彦太郎利恭（当時は剛毅）に譲ることが認められた。新たに十三万

石を与えられて、白石に転封が命じられる。利剛は明治二年（一八六九）に謹慎を免じられているが、この年、利恭は盛岡藩十三万石に復帰し、盛岡藩知事に就任している。翌年には、他藩より一年早く廃藩置県を断行し、盛岡藩は幕を閉じ、盛岡県が置かれることとなる。厳密にいえば、盛岡藩の最後の藩主は利恭（家督を相続して盛岡藩主→白石に転封となり白石藩主→版籍奉還で白石藩知事→盛岡復帰で盛岡藩知事）ということになるが、実質的には利剛といえよう。利剛は謹慎が免じられた後、盛岡に戻ったが、明治五年には東京に移住し、同二十九年に没した。護国寺に葬られている。

なお、分家大名の南部信民《のぶたみ》（信誉の養子）も戊辰戦争後に罪を問われ、領知のうち一千石を没収されたうえで隠居が命じられ、養子の信方《のぶかた》に家督を譲ることが認められた。

恐怖政治を進める利済

さて、利済は天保八年（一八三七）を画期に勧善懲悪を徹底するようになり、同十年の少将昇進により自身を将軍と重ね合わせるようになったことを紹介した。もう少し変化を丁寧に紹介すると、勧善懲悪を徹底するあまり、言葉も過激となり、家中に対して「重罪」を課すなど、その政治は恐怖政治のようになってあらわれる。

たとえば、盛岡藩士のもっとも高い家格の「高知」に対して、少将になって初の御国入りは「格別」のことであり、日ごろ出勤が困難な者も出迎えをすべきなのに、出迎えに来ないのは「不心得」であり、また、経済困窮で送迎も務められないのは家政を怠っているためだと指摘している。そのうえで「多病等」で出勤できない者もいるだろうが、そのような「柔弱」なことでは奉公に励むこともできないだろうから、年齢が若くても「早々隠居」を願い出よ、と隠居を勧告する。そして、「極老」や「幼少」の者には「慈愛」を示しながらも、「不精勤之者」には、どのような「沙汰」があるかも知れず「覚悟」して奉公に努めよ、と脅迫めいた言葉で、奉公に励むよう強く迫っている（「雑書」天保十一年五月六日条）。

さらに、藩財政逼迫の折、家中の者たちから知行や給与の半分を藩に上納したいとの願い出があったときのこと、利済はその申し出を受けて上納を命じたのに、それについて「不敬」なことが記され、往来の多い場所などに貼られており、しかも、その文面がことごとく「上（＝利済）を誹謗いたし候文面」である、と激怒している。

そして利済は、天保飢饉で苦しんでいることを考慮し、上納の納期については「年延」の配慮も示したのだから、「格別之御仁恵」と「感服」すべきだ、と自身の配慮を「御仁恵」とたたえたうえで、家中には「不心得」者もいて、「忠義」を示すふりをして「内心一己之利欲」を抱き、「御国家之大事」を考えず「御義理合」もわからない、そんな取るに足らない者もおり、そんな者たちはどうでもよいが、上納の段階になって「本心を顕し、上を恐れざる非礼、不敬之儀等密々相催、奸計を以諸人之狐疑を起し、剰御政事を誹謗致候事度々及ひ候御家中は不及申、御国中ニ住候ものニは有間敷事（本心をあらわし、「上」〈＝利済〉を恐れない非礼や不敬のことなどを密かに企て、悪巧みでもって人びとに疑念を抱かせ、さらに私〈＝利済〉の政治について誹謗を繰り返す家中のものは、当然ながら御国中に住む資格はない）」として、「不忠不義之者」からの上納を拒み、御家門方や家中に対しても「御疑」の念を抱いたことから、上納を取りやめにするとの判断を下している。

怒りのおさまらない利済は、「四民御撫育」のため、「上」（＝利済）の身の回りのことも厳に倹約に努めて、「御国中繁栄」のためにしたことなのに、「上」を誹謗するとは、たとえ取り調べがなくとも、「不忠之罪科」については、「天罰」から逃れることはできない。もちろん「増長」すれば、当人はもちろん、遠親類であっても、人数の多少にかかわらず「重罪」とするから「相互覚悟」せよ、と述べている。一方で、心を入れ替え「実忠之言上」があれば、「旧悪」は問題とせず「重く御賞」を与えるともしている（「雑書」天保十一年九月二十七日条）。

なお、このほか利済は、父利謹を顕彰し名誉回復を図る動きをみせ、すでに亡くなっている奥瀬《おくせ》内蔵《くら》と大萱生《おおがゆ》外衛について、家老を務め、利謹に仕えて「御厚恩」を蒙りながら、その恩を「忘却」し、生前の利謹に「格別御心労」をかけ、「臣下之道を取失、大胆不敵之者」として、「重き慎之姿ニて永く墓所へ囲」を命じてもいる（「雑書」天保十一年五月十九日条）。死者に対しても勧善懲悪を貫いていた。

このように、勧善懲悪も一層厳格化し、自身のことを「上」と称して、自らの行為を賞賛する一方、「上」への「不敬」や「不忠不義」に対しては言葉を尽くして非難し、刑罰でもって脅して「覚悟」を求めた。こうした利済の政治は、もはや恐怖政治そのものであった。利済の抱いた家中への「疑」は、今度は家中に疑心暗鬼をもたらし、利済への反発を抱かせ、さらに、「御国民」である領民にも、利済の「御撫育」や「御仁恵」は理解されなくなり、信頼は損なわれていく。こうしたことが、藩政に混乱を招いて、利済を暴君とする評価を生み、やがて三閉伊一揆を引き起こすことになったと考えられるのである。

弘化の三閉伊一揆

盛岡藩で発生した一揆でもっとも知られるものに、三閉伊一揆がある。岩手県沿岸に位置する閉伊郡は、現在は上閉伊郡と下閉伊郡のふたつに分かれているが、三閉伊と呼ばれる地域は、盛岡藩領沿岸の三つの代官支配区域（＝通）である野田通、宮古通、大槌通であり、これらの総称を三閉伊通と呼んでいた。

その三閉伊通で一揆が発生したのは二度で、一度目は弘化四年（一八四七）、二度目は嘉永六年（一八五三）である。一度目の弘化の三閉伊一揆は、度重なる御用金に反発した三閉伊通の大勢の領民が、指導者に導かれて遠野（現岩手県遠野市）に押し寄せ強訴したものである。遠野は、藩の家老を務めていた遠野南部家の当主南部義普《よしひろ》が支配する地で、その家老新田小十郎が一揆勢との交渉にあたった。遠野南部家には、しばしば救いを求めて遠野南部家領以外の者が訴願《そがん》しており、遠野南部家の当主は、為政者として信頼を得ていたようである。藩は三閉伊通の百姓らの訴えを認めて、要求を受け入れ解散させることに成功し、義普は一揆鎮圧を賞されて、利済から済の字が与えられ、済賢《ただかつ》と名乗ることになる。

この弘化の三閉伊一揆を受けて、幕府から咎められた利済は隠居することになり、その跡を嫡子の利義が相続して藩主に就任することになるが、その後も依然として利済は藩の実権を握り続けた。

利義と利剛の藩主交代劇

ところで、天保九年（一八三八）のことだが、江戸で利済が病気を悪化させ、国許に下ることができなかったときには、当時「若殿様」であった利義が「御名代」として国許に下って藩政を代行しており、城に家臣を呼んでは経学講釈を繰り返し行っているから、利義は好学で、政治にも意欲的であったことがうかがえる（『遠野南部家御用留書』）。

しかし、利済と利義との関係はうまくいかず、嘉永元年（一八四八）に利済が隠居して利義が藩主になっても、利済は盛岡にあって藩の実権を譲らないばかりか、同二年六月十二日に利義が参勤交代で江戸に出立すると、同十四日に御三家のうちの南部土佐を江戸にのぼらせ、江戸で利義に隠居するように迫っている。遠野南部家の済賢も利義の一日前に江戸にのぼっており、南部土佐とともに隠居を説いたという。そして九月には鉄五郎（のちの利剛）が江戸にのぼることになっているが、それは、病気を理由に幕府に隠居を願い出た利義にかわって盛岡藩南部家を相続し、十五代藩主に就任するためであった（『遠野南部家御用留書』）。

利剛が藩主に就任した翌年には、利済の政治を支える石原汀《みぎわ》、川嶋杢左衛門、田鎖茂左衛門の三人が、同時に側用人・表兼帯に任命されている。利剛が藩主に就任しても、大奥を介すなどして利済が藩政に影響力を行使し、実権を握っていた。

なお、盛岡藩の歴代藩主が家臣に発給する端午・歳暮の礼状である「藩主御内書」については、藩主に就任した利義と利剛が発給するのは当然ながら、隠居後「少将様」と呼ばれていた利済も、あいかわらず天下人の料紙である大高檀紙で発給し続けており、「藩主御内書」の発給についても手放さずに握り続けていた。高知や御用人ら藩政を実際に動かしている重臣や側近らに、藩主権威を象徴する「藩主御内書」を発給し続けることは、利済が藩政

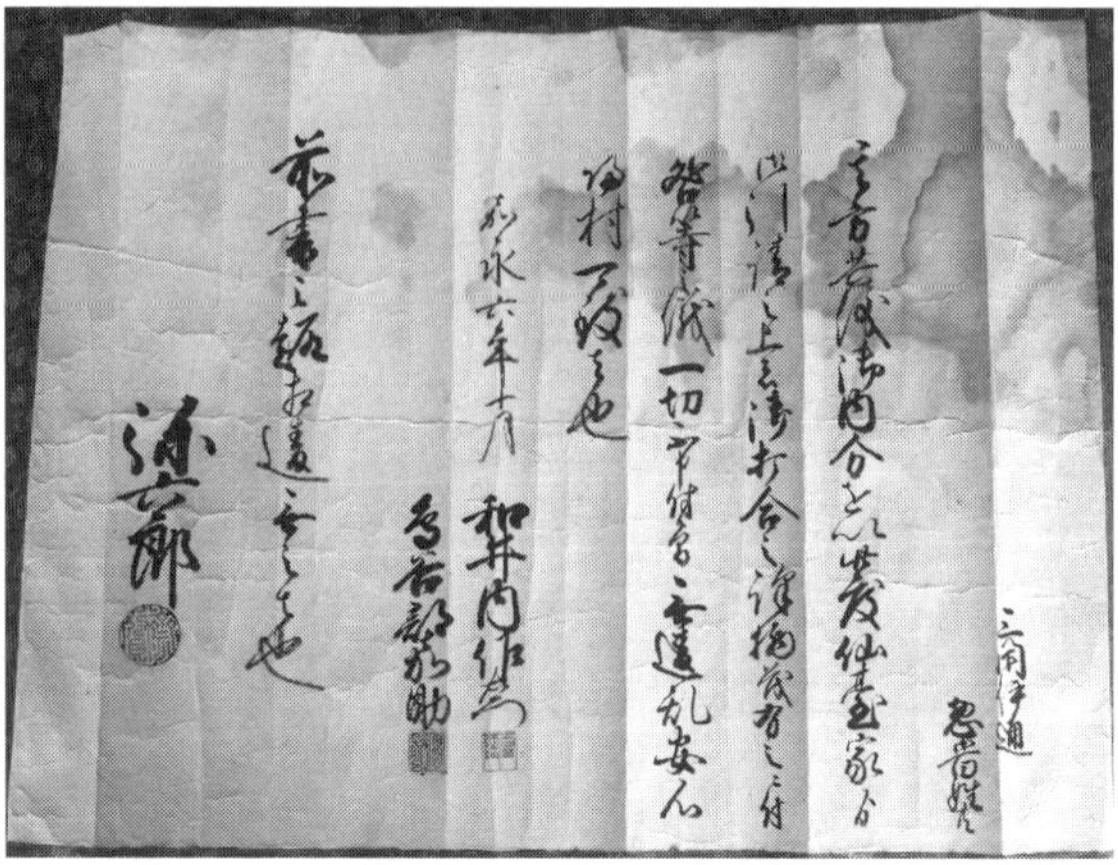

図31　南部済賢奥書黒印状　田野畑村教育委員会写真提供，個人所蔵　三閉伊通の百姓に対して一切処罰を行わないので安心して帰村するように約束し，大老の南部済賢が押印して保証した。

に影響力を行使し、また権威を維持するためにも必要なことであったのだろう。「藩主御内書」が、それだけ重要な文書であったことがわかる。

嘉永の三閉伊一揆

利済の政治も、二度目の三閉伊一揆によって、その幕を閉じることになる。その三閉伊一揆が発生した嘉永六年（一八五三）は、ちょうど黒船に乗ったペリーが浦賀に来航した年でもあり、まさに近世から近代へと移り変わる節目の歴史的な年であった。そうした新たな時代の幕開けに、大規模一揆が発生するあたりが、なんとも盛岡藩らしい。

弘化の三閉伊一揆は、盛岡藩領の遠野への強訴であったが、嘉永の三閉伊一揆では、三浦命助《めいすけ》らを主導者として、仙台藩領に越訴した。彼らの政治的な要求のなかには、三閉伊を幕府直轄地か、それが無理であれば仙台藩領にしてほしい、というものがあり、そのほかは、前藩主の利義の復位もかかげられていた。藩は利義の復位については認めなかったものの、税負担の軽減・免除など、ほかの要求を受け入れて一揆を鎮めている。天保年間の仙台藩への越訴といい、今回も仙台藩への越訴であり、もはや頼るべきは隣藩の仙台藩であり、盛岡藩は領民から頼られる存在ではなくなっていた。

三閉伊一揆が発生した背景については、三閉伊が豊かな資源に恵まれた地域であることが大きく関係している。つまり、稲作に不向きな沿岸地域にもかかわらず、過酷な収奪が行われ、凶作・飢饉の被害をまともに受けた三閉伊の百姓らが立ち上がった、という、かつての三閉伊一揆像よりも、稲作には不向きなものの海産物や鉱物資源に恵まれ、新たな産業が勃興し、財を成す商人を多く輩出した三閉伊に、財政逼迫に喘ぐ藩が目を付け、新税を重ねて課していったことへの反発、とみたほうが、よりこの地域や三閉伊一揆の実像に迫ることができるだろう。

さて、嘉永の三閉伊一揆後、野田通の野田村・田野畑村の二村は、嘉永六年十一月、遠野南部家の「御預地」とされ、翌年二月には「直扱」が認められて、直轄地同様に支配していた。しかし、藩財政が逼迫している状況とともに、百姓らが落ち着き農業に精を出しており、「此後心得違」をすることはないだろう、ということで、藩に返還されることになっている（『遠野南部家御用留書』）。

二村は一揆の発生地で、一揆の指導者を輩出した地でもある。その二村が遠野南部家に預けられ、治安回復と民心を取り戻すことが託されていた。そして、遠野南部家の支配から離れることを村民は惜しんだようで、「動揺」が広がることが懸念されてもいた（『遠野南部家御用留書』）。このようなことからも、三閉伊一揆の収拾に、遠野南部家と当主済賢が果たした役割は大きなものがあったことがわかるだろう。

利済政治との決別

一揆が鎮まると、安政元年（一八五四）二月二十三日、江戸城で老中列座のなか、

其の方（＝利済）儀、隠居の事とは申し乍ら常々行跡宜しからず、不慎にて、其の上今以て政事向き取り扱い、恣の所行に及び、家中を始め領内治め方も宜しからざる趣、御聴に達す、これに依り厳重の御沙汰にも及ばるべき所、格別の御宥恕を以て、美濃守（＝利剛）下屋敷へ相越、急度慎み罷り有るべき旨（以下略）

が伝えられ（『内史略』）、利済は幕府から叱責を受けて蟄居処分となり、藩政から遠ざけられ、病を悪化させていく（翌年に没）。

こうした状況を受けて、利剛は、いよいよ藩主として藩政を主導する立場となり、これまでの自分を悔いて、利

済との決別を宣言することになる。盛岡藩の家老席日記「覚書」（もりおか歴史文化館所蔵）の安政元年十二月十三日条によると、

一、今日　御前江老中被　召出、　御意有之候上以　御筆御沙汰之趣、左之通、

御筆

我等家督以来、家中並下々江対し何一ッ救助之事も無之、不肖之身と乍申誠ニ恥入候事ニ候、（以下略）

（口語訳）

私（＝利剛）が家督を継いで以来、（父利済が実権を握っており）家中や領民に対し、何ひとつ御救いを施すこともできなかった。不肖の身ながら、本当に恥じ入ることである。

とある。

こうした利済の政治との決別は、利済が少将になって以降、天下人の料紙である大高檀紙を用いてきた「藩主御内書」の変化にもあらわれているので紹介しよう。利剛が発給した「藩主御内書」を、個人宅で数多く発見した。その八点を挙げると、

大高檀紙　取次家老：花輪伊豆　宛名：八戸内記　端午
大高檀紙　取次家老：楢山帯刀　宛名：八戸内記　端午
大高檀紙　取次家老：楢山帯刀　宛名：八戸内記　端午
大広奉書　取次家老：花輪徳之助　宛名：八戸内記　歳暮
大広奉書　取次家老：花輪図書　宛名：八戸内記　端午　＊徳之助
大広奉書　取次家老：南部壱岐　宛名：八戸内記　歳暮
大広奉書　取次家老：南部監物　宛名：八戸内記　歳暮　＊壱岐

大広奉書　取次家老：三戸式部　宛名：八戸内記　歳暮

と残されている。この「藩主御内書」について、取り扱った家老（＝取次家老）から考えると、料紙を大高檀紙から大広奉書に戻していることがわかる。とくに注目されるのは、利剛が嘉永二年（一八四九）に従四位下美濃守となり、同四年に侍従に任官し、さらに、文久元年（一八六一）に少将に進んだものの、文久二年に家老に就任した三戸式部（大五郎、翌年から式部）や花輪図書（徳之助、同年十一月に図書に改名）が取次家老である「藩主御内書」は、大広奉書のままなのである。なお、利剛は元治元年（一八六四）には中将に任官してもいる。

では、いつ大高檀紙から大広奉書に戻したのだろうか。これについては、まだ確定はできないが、取次家老である花輪伊豆は嘉永六年一月に病死し、楢山帯刀は安政元年八月に退役しており、花輪徳之助は同二年、南部壱岐（のちに監物）は万延元年（一八六〇）、三戸式部は文久二年に家老に就任しているから、注目すべきは徳之助となる。徳之助は安政二年三月に家老に就任し、同六年四月に「休息」となっていること、その徳之助は再び文久二年十月に家老となるが、同年十一月には図書に改名していることからすると（「御次留書帳」『花巻市史　資料編』）、花輪徳之助の名で取次家老を務め得たのは安政二年から同六年までであり、そのあいだに料紙は大高檀紙から大広奉書に変更され、以降は大広奉書で発給し続けられたと考えられるのである。

そして、料紙を変更する契機としては、嘉永六年に三閉伊一揆が発生して、その翌年には利済が蟄居処分となり、その後、病気を悪化させていくが（安政二年四月没）、一方で藩主利剛は、父利済の政治との決別を宣言して、「改革」に取り組んでいたことが注目されよう。

利済は安政二年四月に死去しており、隠居したのちに粗暴の振る舞いがみられた兄利義も謹慎処分となったから、利剛は藩政を主導できる立場になった。料紙を天下人の料紙である大高檀紙に変更した利済の政治との決別を宣言した利剛は、「藩主御内書」の料紙を大高檀紙から大広奉書に戻すことでも、利済との決別を家中に印象付ける狙いがあったのではないだろうか。

戊辰戦争と盛岡藩南部家の終焉

幕末になり倒幕運動が進むなか、慶応三年（一八六七）十月、徳川慶喜《よしのぶ》は今後の政局において主導権を確保するため、討幕派の動きを制しようと、朝廷に政権を返上した。大政奉還である。一方、討幕派は、同年十二月に王政復古の大号令を発し、慶喜に辞官納地を迫ると、翌年（慶応四年、明治元年、一八六八）一月、旧幕府軍と新政府軍との対立は、京都における鳥羽・伏見の戦いを引き起こし、戊辰戦争に突入した。

盛岡藩は、東北諸藩の重臣らが出席した白石における会議を経て、東北とのちに北越の諸藩が加わった奥羽越列藩同盟に参加し、新政府軍と対立した。隣藩の秋田藩が、奥羽《おうう》鎮撫《ちんぶ》総督府の九条道孝《みちたか》総督を迎え入れて藩論を転換し、同盟から離脱すると、家老の楢山佐渡を総大将に鹿角郡（現秋田県）に出陣して秋田藩領に攻め込み、八月には大館（現秋田県大館市）を占領した。

図 32　楢山佐渡　盛岡市先人記念館所蔵

しかし、新政府軍の援軍が到着すると、秋田藩に攻め込んでいた同盟側は戦況において不利になり、盛岡藩は後退することになる。そして、九月に仙台藩が、さらに会津・庄内藩が相次いで降服すると、盛岡藩は同月二十一日に戦闘をやめたが、同盟を離脱していた弘前藩とのあいだで戦闘が発生していた。野辺地《のへじ》戦争と呼ばれるこの戦闘により、盛岡藩は同盟側として最後まで戦った藩となり、同月二十五日に降服、敗戦という結果で終戦を迎えることになった。

戊辰戦争に敗れた盛岡藩は、藩主名代の南部彦太郎（のちの利恭）が十月に総督府に降服嘆願書を提出、十二月には利剛・利恭父子に謹慎が命じられ、東京の金地院に送られることになる。その後、同月中に利恭が南部家の家督を継ぐことが認められ、十三万石を与えられることが言い渡された。盛岡藩は二十万石だったから七万石の減封である。これにより「中将様」であった利剛は「大殿様」、そして利恭は「殿様」と呼ばれるようになるが、その後すぐに白石への転封を命じられた。こうして盛岡藩主家としての南部家は終焉を迎え、白石藩主家の南部家となることになったのである。

白石転封と転封反対運動

終戦後、秋田藩の軍隊が取締にあたっており、利剛・利恭父子を東京に送ったが、その後、旧盛岡藩領十郡は、北・三戸・二戸郡を弘前藩津軽家が、九戸・鹿角・閉伊・岩手・紫波・稗貫・和賀郡を松本藩戸田家と松代藩真田家が、それぞれ管理することになった。しかし、その翌年の二月には、弘前藩津軽家は黒羽藩大関家に変更となっている。

このように変更された背景としては、

南部ハ白石へ国替、南部ハ不残津軽領ニ相成可申、然れハ累代結怨之国柄故、扨方も同然津軽百姓・南部百姓と分隔有之候様ニ相成可申、左候而ハ一同難堪、且数百年来厚恩之君を余所ニ致し候儀百姓等一身ニ替、十三万石之減少ハ不得止事ニ候得共御国替之儀ハ御免奉願上度、

とあるように（『青森県史　資料編　近世6』）、南部家と津軽家の長年の「不和」が影響しており、弘前藩津軽家が旧盛岡藩領を管理することに、反発が予想されたことが挙げられる。これまで一揆を起こし盛岡藩主に反発を示していた領民だったが、支配者が変わることへの不安は、疑心暗鬼を呼ぶことにもなり、南部家の白石転封に対する反対運動につながっていく。

白石転封が命じられてすぐ、明治二年（一八六九）一月には、転封反対運動が旧盛岡藩領に広がった。その訴えのなかでは、「士民一同歎息」、「只々七百年来付属之太守様ニ付、父母ニ別る丶之情実堪兼候」、「賤民之百姓とも御座候へとも数代顧恩之殿様ニ相離候事泣涕之至」（『青森県史　資料編　近世6』）とあって、盛岡藩主家である南部家の復帰を願う領民の思いが、さまざまに綴られている。とくに注目されるのは、「万日記」（青森県立図書館所蔵）明治二年正月二十八日条に、

一、三閉伊通御百姓共大勢八戸江罷出、殿様御国替被仰付候ニ付、左様無之様八戸様ヲ以幾重ニも御執成相願申度趣ニ而、最早八戸江も船ニ而罷越騒き居候由ニ候、

とあり、三閉伊一揆を起こして、幕府領か仙台藩領にしてほしいと訴えた、三閉伊通の百姓たちが、八戸藩に詰めかけて騒ぎになっている、というのである。いかに反発して一揆を起こしたとはいえ、いざ支配者が交代することは、底知れぬ不安を領民に与え、転封反対運動へと駆り立てることになったのだろう。

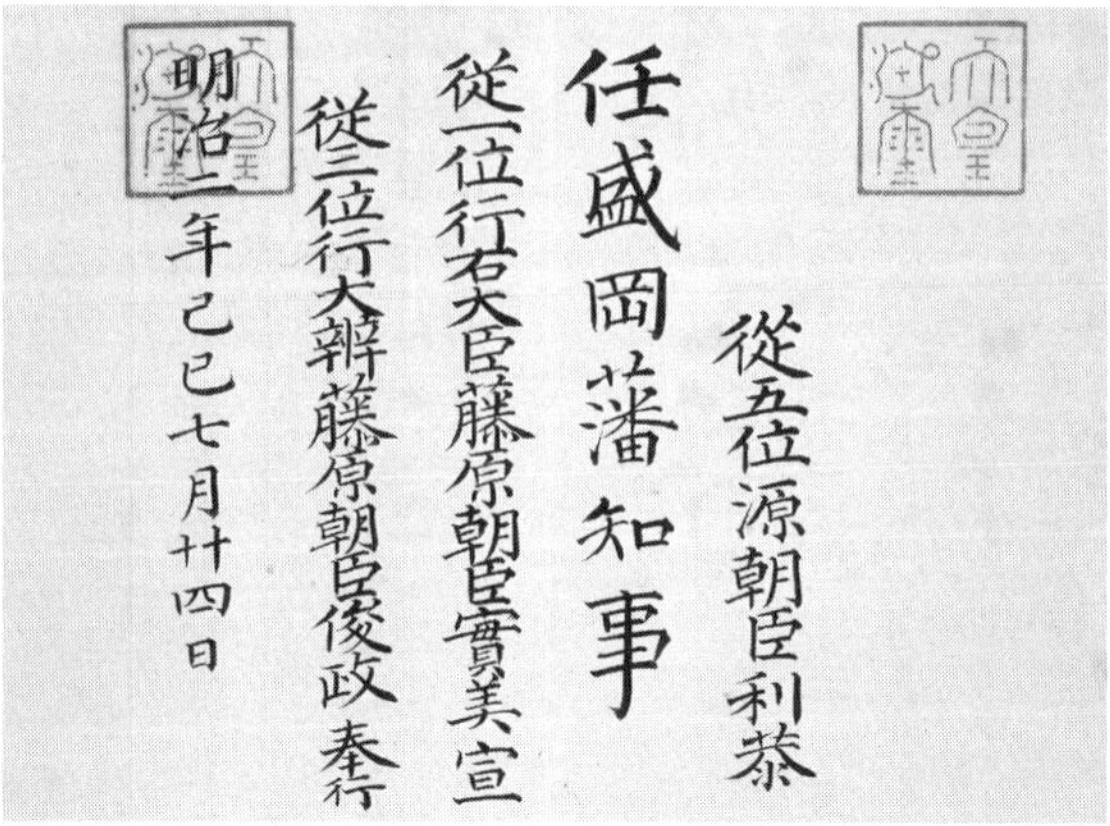
従五位源朝臣利恭
任盛岡藩知事
従一位行右大臣藤原朝臣實美宣
従三位行大弁藤原朝臣俊政奉
明治二年己巳七月廿四日

図33　盛岡藩知事辞令　もりおか歴史文化館所蔵

盛岡への復帰と廃藩置県

旧領で転封反対運動が起こるなか、白石藩主となった南部利恭は、明治二年（一八六九）三月に版籍奉還を願い出て認められ、六月に白石藩知事に任命された。同月、家老で秋田侵攻の総大将であった楢山佐渡が責めを負い、報恩寺で処刑されている。そして翌月、南部利恭は盛岡に復帰が認められ、盛岡藩知事に任命されたが、もとの十郡二十万石とはならず、岩手・紫波・稗貫・和賀の四郡で十三万石であった。

ちなみに、白石転封で大変なのは、盛岡藩南部家だけではない。白石の旧領主片倉家は、南部家が移封してくるために、知行地を明け渡さないといけなかったが、家中とその家族の者を全員連れていくことができず、新政府に、南部家の迷惑にならない範囲で、旧知行地に家中の者を置いてほしい、と願い出ている。しかも、白石に残る家中の者は「農商」に帰農・帰商させるという（「明治二年刈田・柴田・伊具・宇田・亘理五郡南部家へ引渡留」宮城県公文書館所蔵）。片倉家も家中の暮らしを守るのに必死だった。

その片倉家は、明治二年四月、政府の北海道開拓の計画に接し、片倉家の家中では会議を開いて歎願状を提出する。南部家が白石にやってくるなか、混乱状態にあった片倉家の家中は、北海道開拓に活路を見出そうとした。その後、南部家は盛岡に復帰することになり、白石藩は白石県となったことで、片倉家の家中はそのまま残り、帰農も可能となったが、同年九月になって北海道開拓の許可が出た。南部家の盛岡復帰により、片倉家は、過酷な北海道開拓にむかうことになったのである。開拓で疲弊し、資金も苦しい片倉家は、白石城を破却し、その廃材を下賜されて何とか凌いでもいた（『白石市史』）。白石城まで失った片倉家は、これほどまでに盛岡藩南部家の白石移封に振り回されていたのである。

南部家に話を戻して、盛岡復帰が認められた南部家だが、その一方で七十万両の献金が命じられる（明治二年四月に残金献金免除）。この献金が大きな負担ともなり、明治三年七月、他藩より一年早く盛岡藩は廃藩を認められた。盛岡藩の二度目の終焉であり、廃藩後は盛岡県が置かれ、盛岡藩知事だった利恭は東京在住となり、盛岡を去った。盛岡県は明治五年には岩手県と改称、同九年に現在の岩手県域が確定し、岩手県の歴史が本格的にはじまることになる。

参考文献

〔書籍・論文〕

浅倉有子「武家女性の婚姻に関する統計的研究・試論―『寛政重修諸家譜』を素材として―」（近世女性史研究会編『江戸時代の女性たち』吉川弘文館、一九九〇）
阿部茂巳「盛岡藩初期の百姓一揆」（『岩手史学研究』八五、二〇〇二）
入間田宣夫『北日本中世社会史論』（吉川弘文館、二〇〇五）
上野秀治「江戸幕府御内書の基礎的研究」（『学習院大学史料館紀要』八、一九九五）
大藤修『近世農民と家・村・国家』（吉川弘文館、一九九六）
大平祐一『目安箱の研究』（創文社、二〇〇三）
大森映子「大名の離婚をめぐって―岡山藩池田継政の場合―」（『湘南国際女子短期大学紀要』四、一九九六）
小川和也「近世後期の「藩学」と「改革」」（『歴史学研究』八七二、二〇一〇）
小川和也「「御家」の思想と藩政改革」（『歴史評論』七五四、二〇一三）
笠谷和比古『近世武家社会の政治構造』（吉川弘文館、一九九三）
加藤章「解題　南部重直の家臣団政策」（前沢隆重他編『南部藩参考諸家系図』三、国書刊行会、一九八五）
加藤章「解題　南部藩家臣団における「家」の存続と動揺」（前沢隆重他編『南部藩参考諸家系図』五、国書刊行会、一九八五）
加藤章「寛永13年南部重直　参勤交代遅参事件の再検討」（『盛岡大学紀要』二三、二〇〇六）
兼平賢治「南部重直書状と遠野南部氏―盛岡藩主発給「御内書」の研究―」（『南部光徹氏所蔵「遠野南部家文書」の調査・研究』〔科研費研究成果報告書　研究代表者・斉藤利男〕二〇一〇）
兼平賢治「藩政の確立と名君・暗君像」（樋口州男他編『書き換えられる日本史』小径社、二〇一一）
兼平賢治『馬と人の江戸時代』（吉川弘文館、二〇一五）
兼平賢治「盛岡藩8代藩主南部利視について―実名と訴状箱から―」（『東海史学』五〇、二〇一六）

兼平賢治『近世武家社会の形成と展開』（吉川弘文館、二〇二〇）
兼平賢治「盛岡藩主書状から藩政を繙く」（『岩手の古文書』三四、二〇二〇）
兼平賢治「東北諸藩の日記—盛岡藩「雑書」と守山藩「守山御日記」」（福田千鶴・藤實久美子編『史料で読み解く日本史　近世日記の世界』ミネルヴァ書房、二〇二二）
兼平賢治「近世の幕開けと諸藩の成立」（東北大学日本史研究室編『東北史講義【近世・近現代篇】』筑摩書房、二〇二三）
菊池勇夫『幕藩体制と蝦夷地』（雄山閣、一九八四）
菊池勇夫『北方史のなかの近世日本』（校倉書房、一九九一）
菊池勇夫『東北から考える近世史』（清文堂出版、二〇一二）
鯨井千佐登「交流と藩境—動物・仙台藩・国家—」（地方史研究協議会編『交流の日本史—地域からの歴史像—』雄山閣、一九九〇）
小林文雄「盛岡藩の風俗統制について」（『日本文化研究所研究報告』三一、一九九五）
斉藤利男編『戦国大名南部氏の一族と城館』（戎光祥出版、二〇二一）
大正十三造『不来方の賦—南部藩主物語』（岩手日報社、一九八八）
高木侃「武士の離縁状」（『愛知学院大学論叢法学研究』三七—一・二合併号、一九九五）
高木侃『増補　三くだり半　江戸の離婚と女性たち』（平凡社、一九九九）
高埜利彦『日本の歴史⑬　元禄・享保の時代』（集英社、一九九二）
高橋充編『東北の中世史　東北近世の胎動』（吉川弘文館、二〇一六）
武林弘恵「盛岡藩の遊郭をめぐる社会関係について」（『歴史』一〇五、二〇〇五）
千葉一大「近世大名の身分と格式」（『日本歴史』五九八、一九九八）
千葉一大「豊臣・徳川政権移行期の北奥羽大名」（長谷川成一監修、浪川健治・佐々木馨編『北方社会史の視座　歴史・文化・生活』二、清文堂出版、二〇〇八）
茶谷十六『安家村俊作　三閉伊一揆の民衆像』（民衆社、一九八〇）
浪川健治『近世日本と北方社会』（三省堂、一九九二）
浪川健治「支配と統合の論理と象徴」（筑波大学大学院歴史・人類学研究科編『自然・人間・文化』二〇〇一）
浪川健治編『近世の空間構造と支配』（東洋書院、二〇〇九）

浪川健治「一八世紀〔変容する地域と民衆移動〕―盛岡藩「宗門人別目録」をてがかりに―」（『歴史』一二〇、二〇一三）
根岸茂夫『近世武家社会の形成と構造』（吉川弘文館、二〇〇〇）
野口実『武家の棟梁の条件―中世武士を見なおす』（中央公論社、一九九四）
長谷川成一『近世国家と東北大名』（吉川弘文館、一九九八）
長谷川成一『北奥羽の大名と民衆』（清文堂出版、二〇〇八）
畑井洋樹「藩主権力と側近―盛岡藩主南部利敬の事例―」（『歴史』九二、一九九九）
畑井洋樹「藩主と側近―元禄年間の盛岡藩の場合―」（『東北文化研究室紀要』四二、二〇〇一）
服藤弘司『幕府法と藩法』（創文社、一九八〇）
深沢秋男「加偏子の『堪忍記』（1）―松平文庫本の翻刻と解題―」（『近世初期文学』六、一九八九）
深沢秋男「加偏子の『堪忍記』（2）―内閣文庫本の翻刻と解題―」（『近世初期文学』七、一九九〇）
福田千鶴「近世前期大名相続の実態に関する基礎的研究」（『史料館研究紀要』二九、一九九八）
福田千鶴『幕藩制的秩序と御家騒動』（校倉書房、一九九九）
福田千鶴「「御内書」の史料学的研究の試み」（同『大名家文書の構造と機能に関する基盤的研究―津軽家文書の分析を中心に―』科学研究費補助金研究成果報告書、二〇〇三、初出二〇〇〇）
福田千鶴『御家騒動　大名家を揺るがした権力闘争』（中央公論新社、二〇〇五）
福田千鶴『江の生涯』（中央公論新社、二〇一〇）
細井計『『雑書』の世界　盛岡藩家老席日記を読む』（岩手復興書店、二〇一六）
森嘉兵衛『森嘉兵衛著作集　南部藩百姓一揆の研究』（法政大学出版局、一九七四）
森嘉兵衛『森嘉兵衛著作集　日本僻地の史的研究　上』（法政大学出版局、一九八二）
守屋嘉美「国益主法をめぐる諸問題」（『東北学院大学東北文化研究所紀要』一七、一九八五）
守屋嘉美「盛岡藩と初期領外商人」（『東北学院大学東北文化研究所紀要』二五、一九九三）
守屋嘉美「文化期の盛岡藩政と民衆」（渡辺信夫編『近世日本の民衆文化と政治』河出書房新社、一九九二）
吉田正志「離婚を求めて駆け込む盛岡藩の妻たち」（『法学』八〇―六、二〇一七）
吉田正志「盛岡藩の罪と罰雑考（四・完）」（『法学』八三―一、二〇一九）

〔史料集〕

・盛岡藩関係

『盛岡藩雑書』一〜一五（熊谷印刷出版部）

『盛岡藩家老席日記雑書』一六〜五〇（東洋書院）

『盛岡藩家老席日記覚書』一〜二（継続刊行）（東洋書院）

『南部叢書』（復刻版）（歴史図書社）

『岩手史叢』（岩手県文化財愛護協会）

『南部藩参考諸家系図』（国書刊行会）

『藩法集　盛岡藩』上・下（創文社）

『遠野市史叢書　遠野南部家御用留書』天保年間、嘉永年間（上）、嘉永年間（下）（継続刊行）（遠野市）

『岩手県文化財調査報告書　第七三集　岩手県戦国期文書Ⅰ』（岩手県教育委員会）

・幕府・諸藩関係

『新訂増補国史大系　徳川実紀』（吉川弘文館）

『江戸幕府日記　姫路酒井家本』（ゆまに書房）

『万治年録』（『江戸幕府日記』第一編之二、野上出版）

『寛文年録』（『江戸幕府日記』第一編之三、野上出版）

『内閣文庫影印文庫　譜牒余録』（国立公文書館）

『新訂寛政重修諸家譜』（続群書類従完成会）

『新訂本光国師日記』（続群書類従完成会）

『大日本古文書　伊達家文書』（東京大学出版会）

『大日本近世史料　細川家史料』（東京大学出版会）

『土芥寇讎記』（人物往来社）

『日新館叢書　童子訓・千載之松』（日新館）

・自治体史
『青森県史』通史編、資料編
『岩手県史』五（近世編二）
『盛岡市史』二（復刻版）
『新編八戸市史』通史編Ⅱ（近世）、中世資料編、近世資料編1

〈通史・資料集〉
菊池悟朗『南部史要』（復刻版）（熊谷印刷出版部、一九九八、初版一九一一）
盛岡市史編纂委員会編『盛岡市通史』（一九七〇）
森嘉兵衛『岩手県の歴史』（山川出版社、一九七二）
吉田義昭・及川和哉編『図説盛岡四百年』上（郷土文化研究会、一九八三）
細井計責任編集『図説　岩手県の歴史』（河出書房新社、一九九五）
細井計編『街道の日本史　南部と奥州道中』（吉川弘文館、二〇〇二）
細井計他『岩手県の歴史』（山川出版社、二〇〇九）

参考文献として紹介すべき文献がまだ数多くあるが、本書でとくに取り上げたものを中心に掲載し、そのほかは紙幅の関係で省略した。本書を執筆するにあたり、そのもとになった拙著・拙稿で紹介していることから、ご海容いただきたい。

なお、本書の再校校正の作業を進めていたところ、柳谷慶子氏から、同「文化文政期の盛岡藩政と奥女中」（『北の歴史から』第八号、二〇二三年一月）と、同『江戸のキャリアウーマン』（吉川弘文館、二〇二三年三月）をいただいた。盛岡藩南部家の奥・大奥と、奥女中について取り上げられており、とくに十一代利敬の時代が、彼の個性も含めて論じられており、学ぶべきことが多い。本書では、奥・大奥について、近年の議論を取り込んだかたちで盛岡藩南部家を論じることができていないことから、柳谷氏のご研究もあわせてお読みいただきたい。盛岡藩南部家のあり方を新たに描く際には、奥・大奥についても論じたい。

盛岡藩歴代藩主一覧

代数	名前	法名	生没年	藩主在任年
一	南部信直《のぶなお》	常住院	天文十五（一五四六）—慶長四（一五九九）	天正十（一五八二）—慶長四（一五九九）
二	南部利直《としなお》	南宗院	天正四（一五七六）—寛永九（一六三二）	慶長四（一五九九）—寛永九（一六三二）
三	南部重直《しげなお》	即性院	慶長十一（一六〇六）—寛文四（一六六四）	寛永九（一六三二）—寛文四（一六六四）
四	南部重信《しげのぶ》	大源院	元和二（一六一六）—元禄十五（一七〇二）	寛文四（一六六四）—元禄五（一六九二）
五	南部行信《ゆきのぶ》	徳雲院	寛永十九（一六四二）—元禄十五（一七〇二）	元禄五（一六九二）—元禄十五（一七〇二）
六	南部信恩《のぶおき》	霊巌院	延宝六（一六七八）—宝永四（一七〇七）	元禄十五（一七〇二）—宝永四（一七〇七）
七	南部利幹《としもと》	霊徳院	元禄二（一六八九）—享保十（一七二五）	宝永五（一七〇八）—享保十（一七二五）
八	南部利視《としみ》	天量院	宝永五（一七〇八）—宝暦二（一七五二）	享保十（一七二五）—宝暦二（一七五二）
九	南部利雄《としかつ》	養源院	享保九（一七二四）—安永八（一七七九）	宝暦二（一七五二）—安永八（一七七九）
十	南部利正《としまさ》	義徳院	宝暦二（一七五二）—天明四（一七八四）	安永九（一七八〇）—天明四（一七八四）
十一	南部利敬《としたか》	神鼎院	天明二（一七八二）—文政三（一八二〇）	天明四（一七八四）—文政三（一八二〇）
十二	南部利用《としもち》（先）	常孝院	文化四（一八〇七）—文政四（一八二一）	文政三（一八二〇）—文政四（一八二一）
十二	南部利用（後）	養徳院	享和三（一八〇三）—文政八（一八二五）	文政四（一八二一）—文政八（一八二五）
十三	南部利済《としただ》	霊承院	寛政九（一七九七）—安政二（一八五五）	文政八（一八二五）—嘉永元（一八四八）
十四	南部利義《としとも》		文政六（一八二三）—明治二十一（一八八八）	嘉永元（一八四八）—嘉永二（一八四九）
十五	南部利剛《としひさ》		文政九（一八二六）—明治二十九（一八九六）	嘉永二（一八四九）—明治元（一八六八）
十六	南部利恭《としゆき》		安政二（一八五五）—明治三十六（一九〇三）	明治元（一八六八）

略年表

和暦	西暦	事項
天正十八	一五九〇	信直、豊臣秀吉の小田原攻めに参陣。奥羽仕置にて朱印状を与えられ、南部内七郡を安堵される。
天正十九	一五九一	和賀・稗貫一揆および九戸一揆が鎮圧される。奥羽再仕置により、信直は稗貫郡と和賀郡を加増される。
文禄元	一五九二	信直、豊臣秀吉の朝鮮出兵に際し肥前国名護屋城に滞陣する。
文禄三	一五九四	利直、正室として蒲生氏郷の養女於武を迎える。
慶長四	一五九九	信直、福岡城にて死去する。利直がその跡を継ぐ。
慶長五	一六〇〇	利直、最上義光の上杉攻めに加勢し出陣するが、和賀忠親による岩崎一揆が発生し帰国する（翌年、岩崎城を攻め落とす）。関ケ原合戦が起きる。
慶長八	一六〇三	徳川家康、征夷大将軍に任官し、江戸幕府を開く。
慶長十七	一六一二	利直、八戸直政を将軍秀忠に御目見させ、主従関係を確認する。
慶長十九	一六一四	利直、大坂冬の陣に参陣し、茨木城を破却する。
元和元	一六一五	大坂夏の陣が起こる。利直、京都で家康と面会し、虎を授かる。奥羽北部で元和飢饉が発生する。
元和三	一六一七	利直、八戸南部家の清心尼から田名部を借上する。豪商久末氏、田名部湊に種米を届ける。
寛永四	一六二七	利直、八戸南部家を遠野に移封させる。
寛永九	一六三二	利直が死去し、重直が三代藩主となる。
寛永十一	一六三四	この頃、盛岡城が居城と定まる。将軍家光から領知宛行状が発給される。
寛永十三	一六三六	重直、参勤交代で遅参して将軍家光の怒りを買い、翌年まで蟄居に処される。
寛永十四	一六三七	島原・天草一揆が発生する。
寛永二十	一六四三	山田湾にオランダ船が現れ、船員を捕らえて江戸に送る。
承応元	一六五二	公儀御預人の栗山大膳利章が死去する。大膳の墓碑には、規伯玄方（方長老）による碑文が刻まれる。
寛文三	一六六三	武家諸法度が出され、あわせて殉死禁止令が口頭で伝えられる。

寛文四	一六六四	重直が死去し、南部騒動が発生する。将軍家綱によって盛岡藩十万石のうち八万石が重信に与えられ、四代藩主となる。残る二万石は直房に与えられ、八戸藩が創設される。
寛文六	一六六六	丹後国宮津藩主京極高国が改易となり、公儀御預人として預けられる。
貞享三	一六八六	豊後国佐伯藩主の毛利高久と幕の婚礼が行われる。
貞享四	一六八七	幕、盛岡藩の江戸屋敷に離婚を求め逃げ帰る。翌五月、毛利高久との離婚が成立する。
元禄五	一六九二	重信が隠居し、行信が五代藩主となる。
元禄十五	一七〇二	六月に重信が死去する。十月に行信も死去し、信恩が六代藩主となる。
宝永四	一七〇七	信恩が死去し、利幹が七代藩主となる。幕府から江戸城の手伝普請を命じられる。
享保十	一七二五	利幹が死去し、利視が八代藩主となる。
元文五	一七四〇	利視、藩士が行状を慎むように、「箱」（投書箱）を設置する。
寛保元	一七四一	利視、「御国之言葉」や「御国之風儀」が失われることへの危機感を表明する。「系胤譜考」「宝翰類聚」の編纂を命じる。
宝暦二	一七五二	利視が死去し、利雄が九代藩主となる。
宝暦三	一七五三	幕府から日光本坊の手伝普請を命じられ、豪商前川善兵衛富昌に資金調達を命じる。
宝暦五	一七五五	宝暦飢饉が起こる。
宝暦八	一七五八	美濃国郡上藩主金森兵部頼錦が改易となり、公儀御預人として預けられる。
安永元	一七七二	江戸大火により桜田屋敷（上屋敷）が焼失する。
安永三	一七七四	利謹、廃嫡となる。
安永七	一七七八	盛岡で大火が発生する。
安永八	一七七九	利雄が死去し、利正が十代藩主となる。
天明元	一七八一	幕府から甲州川普請を命じられる。
天明三	一七八三	天明飢饉が起こる。
天明四	一七八四	利正が死去し、利敬が十一代藩主となる。

和暦	西暦	事項
寛政七	一七九五	利敬が盛岡に初入部し、盛岡城下に領民が強訴に詰めかける。
文化五	一八〇八	蝦夷地警衛の功により二十万石に加増。利敬、歴代藩主で初めて侍従に任官する。利敬、「文化律」の編纂を指示する。
文政三	一八二〇	利敬が死去し、一人目の利用が十二代藩主となる。
文政四	一八二一	一人目の利用、事故により死去する。二人目の利用が十二代藩主を継ぐ。相馬大作事件が発生する。
文政八	一八二五	二人目の利用が死去し、利済が十三代藩主となる。
天保三	一八三二	幕府から上野位牌所普請の費用三万両を課せられる。
天保四	一八三三	天保飢饉が起こる。
天保七	一八三六	大規模な一揆が発生する。翌年には藩境の百姓が仙台藩に越訴する。
天保十	一八三九	利済、歴代藩主で初めて少将に任官する。
弘化四	一八四七	弘化の三閉伊一揆が発生する。
嘉永元	一八四八	利済、隠居して家督を譲る。利義が十四代藩主となる。
嘉永二	一八四九	利済、利義に隠居を勧告。利剛が十五代藩主となる。
嘉永六	一八五三	ペリーが浦賀に来航する。嘉永の三閉伊一揆が発生する。
安政元	一八五四	利済、一揆について幕府から咎められ、江戸屋敷に蟄居処分となる。
慶応三	一八六七	将軍慶喜、大政奉還を行う。王政復古の大号令が発せられる。
明治元	一八六八	戊辰戦争が勃発する。盛岡藩は奥羽越列藩同盟に加盟し秋田藩領に侵攻、敗戦により十三万石に減封。利恭が十六代藩主となる。利恭、白石への転封を命じられる。
明治二	一八六九	旧盛岡藩領で転封反対運動が起こる。白石藩主となった利恭、版籍奉還を願い出て白石藩知事となり、翌月に盛岡に復帰を認められ、盛岡藩知事となる。秋田侵攻の総大将楢山佐渡、処刑される。
明治三	一八七〇	新政府から七十万両の献金を命じられる。盛岡藩、廃藩となり盛岡県が置かれる。

あとがき

「君は大学で何を研究したいんだね？」と、のちに恩師となる細井計先生に尋ねられたのは、岩手大学でゼミに所属する前、授業後にエレベーターでたまたま一緒になったときだった。「考古学です。」と私が答えると、「それは無理だよ。」と先生はあっさりとおっしゃった。恩師との会話は、これが最初だった。

地元の岩手県で社会科か地理歴史科の教員になりたかった私は、教育学部に進学したが、小学校高学年で日本史を学びはじめたころ、石器や土器の欠片をたまたま拾って手にした感動から、考古学者の道にも惹かれていた。いまのようにインターネットもオープンキャンパスも普及していなかった当時、岩手の歴史に関する書籍で、岩大に考古学の先生がいることを目にしていた私は、入学すれば考古学を学べるものだと思っていたが、その先生はすでに退官された後で、考古学を専門とする先生はいなくなっていた。

いよいよゼミを決める段階になって、興味をもちはじめていた中世の法について卒業論文を執筆したいと思い、中世史担当の菅野文夫先生と面談したところ、「難しいからやめなさい。」と諭された。いまになれば、先生は、おおらかさだけが取り柄で、緻密な分析にむかない私の性格を見抜いたうえでのご指導だったと思う。

そこで、近世史担当の細井先生と面談することになった。先生は当時、『図説　岩手県の歴史』（河出書房新社）を執筆されたばかりで、「この本のなかから卒論の課題をみつけたら？」とおっしゃった。そこで出会ったのが、暴君として知られた三代藩主南部重直であり、彼の死後に発生したとされる「南部騒動」と八戸藩創設の経緯をめぐる議論であった。

卒業論文で重直の嗣子選定の経緯を明らかにしていくなかで、知識を蓄積するだけでなく、新たに歴史を描くという魅力を体感し、さらに、古文書学で家老席日記「雑書」（もりおか歴史文化館所蔵）の解読を進めるうちに、誰も知らない盛岡藩の歴史に触れることができる楽しさを知った。こうして私は、盛岡藩南部家を研究対象として、卒業論文、修士論文、そして、東北大学大学院に進学して博士論文を執筆することになった。関心は広く東北諸藩に広がっていったが、その核となるのは、やはり盛岡藩南部家であった。

研究を続けていくうちに、使う側だった『盛岡藩家老席日記雑書』（東洋書院）の校閲を、十八世紀中期の宝暦年間の記事が収録された第二十三巻から担当することになった。しかも、巻頭に収録される目次の作成も担当したことから、すべての記事に目をとおすことになって、関心は一気に十七世紀から十八世紀に及んだ。とくに十八世紀前半と後半に藩主に就任した八代南部利視と十一代南部利敬という個性の強い二人は、「御国」の歴史や文化を重んじて江戸者に笑われても気にしない利視と、「外聞」を気にして他領者に笑われないようにした利敬という、対照的な存在であり、十八世紀における盛岡藩南部家のあり方の変化を豊かに描く素材を数多く与えてくれた。

そして、十九世紀に藩主に就任した十三代南部利済が発給した、「御内書」と呼ばれる文書（東京都府中市東郷寺所蔵）との出会いも、私の研究の幅を大きく広げてくれた。歴代藩主は、将軍発給の礼状である「御内書」にはばかり、料紙などに違いを設けていたが、歴代藩主ではじめて少将にまで昇進した利済は、将軍と同じく大高檀紙を用いるようになり、黒印にいたっては将軍のものよりも大きい印を押していた。しかも、将軍に用いられる「上意」や「御成」といった文言まで、家中の者たちに使用するように命じている。

こうした利済の変化の背景を探るべく、「雑書」と「覚書」（もりおか歴史文化館所蔵）を読み進めていくと、盛岡藩南部家の家格上昇だけでなく、利済にむけられた家中と領民からの批判が大きく関係していることに気付く。天保七年（一八三六）には大規模一揆が発生し、翌年一月には仙台藩に越訴する事態にまでなった。家中・領民に寄り添おうと政治を進めてきた利済だったが、落書で批判されたり、流言が広がったりしたほか、一揆を受けて領民の意見をくみ取ろうとした目安箱にはいたずらがされるなどして頓挫すると、天保八年後半には、「勧懲之道」（勧善懲悪）が肝心であると宣言し、自身に対する家中・領民からの「不敬」「失敬」「不忠」を言葉の限りを尽くして非難して、あたかも恐怖政治の様相を呈するようになる。「不敬」「失敬」「不忠」を許さず自身の権威を高めようとする利済と家中・領民とのあいだには、大きな溝ができていった。

従来は暴君として評価されてきた利済だが、その政治の前半と後半とでは性格も異なり、見直す必要があると実感した。本書ではこの点を、新たな成果として盛り込んでもいる。

盛岡藩南部家について研究しはじめてから、早いもので約四半世紀が経とうとしている。膨大な「雑書」を読み進めながら、ようやっと江戸時代をとおして盛岡藩南部家を描く準備ができたところで、「家からみる江戸大名」の企画を立ち上げた企画編集委員の野口朋隆さんと、吉川弘文館編集部から、『南部家―盛岡藩―』執筆のお声がけがあった。

先人の豊かな研究に導かれながらも、家老席日記「雑書」の記事すべてに目をとおしたなかで、これまでとは違った視点から、盛岡藩南部家のあり方と、個性豊かな藩主の姿を描くことができたのではないか、いまはそう考えているが、後は読者のみなさんの評価に委ねることにして、筆をおくことにしたい。

二〇二三年二月

兼平賢治

著者略歴

一九七七年、岩手県に生まれる
一九九九年、岩手大学教育学部卒業
二〇〇六年、東北大学大学院文学研究科博士後期課程修了
現在、東海大学文学部准教授、博士（文学）

〔主要著書・論文〕
『馬と人の江戸時代』（吉川弘文館、二〇一五年）
『近世武家社会の形成と展開』（吉川弘文館、二〇二〇年）
「東北諸藩の日記―盛岡藩「雑書」と守山藩「守山御日記」の特徴―」（福田千鶴・藤實久美子編『近世日記の世界』ミネルヴァ書房、二〇二二年）
「近世の幕開けと諸藩の成立」（東北大学日本史研究室編『東北史講義　近世・近現代篇』筑摩書房、二〇二三年）

家からみる江戸大名
南部家　盛岡藩

二〇二三年（令和五）五月一日　第一刷発行

著者　兼《かね》平《ひら》賢《けん》治《じ》
発行者　吉川道郎
発行所　株式会社　吉川弘文館
郵便番号一一三―〇〇三三
東京都文京区本郷七丁目二番八号
電話〇三―三八一三―九一五一〈代〉
振替口座〇〇一〇〇―五―二四四番
http://www.yoshikawa-k.co.jp/

印刷＝株式会社　三秀舎
製本＝誠製本株式会社
装幀＝河村　誠

ISBN978-4-642-06878-9